The Millionaire's Dinner Party

An Adaptation of
the Cena Trimalchionis of Petronius

M. G. Balme

Assistant Master, Harrow School

Oxford University Press

Oxford University Press, Ely House, London W. I

Glasgow New York Toronto Melbourne Wellington
Cape Town Ibadan Nairobi Dar es Salaam Lusaka Addis Ababa
Delhi Bombay Calcutta Madras Karachi Lahore Dacca
Kuala Lumpur Singapore Hong Kong Tokyo

First published 1973
Reprinted with corrections 1974

Printed by Photolitho in Great Britain by
J. W. Arrowsmith Ltd., Bristol

Preface

Although Latin is started today at differing ages, taught by diverse methods, and studied with varying degrees of intensity, all students are sooner or later confronted by a common hurdle, the transition from 'made-up' to 'real' Latin. This adaptation of the *Cena Trimalchionis* has been designed to ease the transition and at the same time to constitute a rapid revision of basic syntax.

The lucid and elegant prose of Petronius lends itself peculiarly well for this purpose. It contains no long and complex periods and has a strong clear narrative line; its subject-matter is entertaining and appeals to readers of all ages. It has usually been considered too hard for students below the sixth form because of the recondite vocabulary, but in this adaptation help is given with both vocabulary and other linguistic difficulties on the page facing the text. This has made it possible to retain something of the flavour of Petronius from the start and in the later chapters the original Latin is little altered apart from omissions.

A knowledge of basic grammar is assumed but the text has been adapted so that syntax is introduced consecutively. After the text there are practice sentences which illustrate systematically the constructions introduced in each chapter. These sentences as far as possible use the vocabulary and subject-matter of the chapter to which they are related. Although I accept the principle of inducing an understanding of grammar and syntax from the intelligent reading of a continuous text, I also believe that most students need to make this understanding explicit and generalized at an early stage. The practice sentences are intended for this purpose.

Preceding the sentences are a number of comprehension questions. These are not meant to be exhaustive and can be supplemented by the teacher, if he prefers to test understanding in this way instead of, or as a change from, translation. The questions on each chapter are graded to some degree and become more searching as the book progresses.

Separate vocabulary lists are given for each chapter at the end of the book but there is no general vocabulary. It is intended that these lists should be learned after the text of each chapter has been read and before the exercises are tackled. The learning of vocabulary lists has been unfashionable in some quarters lately but fluent reading will never be achieved until a basic vocabulary is mastered. The lists for the earlier chapters are inevitably long but they rapidly decrease in length and the total for the whole book is about 850 words. Most of these are very common and many will already be familiar to pupils.

After the sentences there are short passages for written translation. These are based closely on the relevant chapters but sufficiently altered to make it impossible for the pupil to rely merely on the memory of what he has just read. In my experience most pupils achieve a sense of mastery in finding that they can translate these passages fluently, idiomatically, and quickly, and the teacher can judge from the translations whether the pupil has fully understood the new syntax which has been introduced.

Those who have used the *Cambridge Latin Course* or *Ecce Romani* may find here a book which eases the transition to traditional editions and yet one in which the vocabulary and ethos are to some extent familiar. Teachers may also find it a useful reader for revising syntax at one of the several stages prior to 'O' level. Beginners in the sixth form or at university may be able to use it much earlier and progress faster through it. Above all, the book will be justified if it introduces students at an early stage to one of the great comic masterpieces of ancient literature, which can be immediately enjoyed by readers widely differing in age and maturity.

I have made frequent use of Paoli's *Rome, Its People Life and Customs* and to Balsdon's *Roman Life and Leisure* (referred to as Paoli and Balsdon), which are invaluable aids to an intelligent understanding of the *Cena*. I should like to thank the colleagues and pupils who have helped in the compilation of the book, especially Mr. J.A. Smith, who assisted in making the first draft. Finally, I gratefully acknowledge the debt I owe to Mr. H.E. Holford Strevens and to Mr. M.S. Smith. Their meticulous reading of the proofs and scholarly criticisms have saved me from many errors. The remaining half-truths in the notes and infelicities in the Latin should be ascribed not to their lack of vigilance but to my attempts to simplify for students.

Harrow-on-the-Hill   M.G.B.
September 1972

Contents

6

Sequence of syntax introduced

List of illustrations

Introduction

This book is an adaptation of the *Cena Trimalchionis* of Petronius. The *Cena* is one incident from a long novel called the *Satyricon* of which only fragments survive. These fragments, probably from books 14, 15, and 16, fill 134 pages in translation in the Penguin Classics. The complete work may have been ten times longer than this. The plot of this immense book centres round the adventures of the narrator, Encolpius. He is a drifter, who wanders from place to place with no visible means of support, continually involved in disreputable escapades, an anti-hero who evokes no admiration but a certain sympathy. As far as we can tell, his wanderings began at Marseilles, from which he was exiled. From there he sailed to Italy and, probably after a visit to Rome, he arrived at the Bay of Naples. It is here that the surviving portion of the book begins, in the town of Puteoli, a popular and fashionable seaside resort and a leading commercial centre.

Here he meets Ascyltos, a student, with whom he shares lodgings. In the first surviving fragment he has been attending a lecture on rhetoric and is fulminating against the inadequacies of modern education. The professor, Agamemnon, overhears his tirade and is impressed by his eloquence. It is he who procures for Encolpius and Ascyltos the invitation to dinner with the millionaire Trimalchio.

The *Satyricon* is unique in ancient literature, although its antecedents are fairly clear. Its form is partly derived from a type of satire invented by Varro (*fl.c.* 60 B.C.); he wrote, amongst other things, one hundred and fifty 'books' of humorous essays, attacking contemporary foibles and vices, in a mixture of prose and verse. Petronius changed the form radically by reducing the proportion of verse (the **Cena** contains very little verse) and by linking the incidents and satirical themes round the adventures of a single character and giving the work a continuous plot.

Moreover, if the object of satire is to ridicule the follies and vices of mankind, Petronius' intention is not exclusively, or even predominantly, satirical. There is no indignation in Petronius; he laughs but does not moralize. For instance, the theme of the ostentatious dinner party given by a vulgar and uneducated host is treated more scathingly by other satirists before and after Petronius (Horace and Juvenal). The reader is likely to find Trimalchio not disgusting but simply funny; 'Trimalchio assumes more and more the status of a great comic character rather than a mercilessly flayed object of satire' (J.P. Sullivan, The **Satyricon** Penguin Classics, p.17).

The *Satyricon* is the ancestor of a well-known type of modern novel, in which the plot centres round the wanderings and adventures of a hero or anti-hero. Examples of this tradition are Fielding's *Tom Jones*. Evelyn Waugh's *Decline and Fall*, Kingsley Amis's *Lucky Jim*.

The author of the *Satyricon* is almost certainly the Gaius Petronius who was prominent at the court of Nero; he was accused of complicity in a plot against the emperor and forced to commit suicide in A.D. 66. The historian Tacitus gives the following account of him:

> I should add a few words on Gaius Petronius. He spent his days in sleep, his nights in the duties and pleasures of life. Others achieve fame by their industry, but he did so by his idleness. And he was not considered a reckless debauchee, like most men who waste their substance in dissipation, but an artist in luxury. His words and behaviour were unconventional and showed a kind of disregard for self, which endeared him to others, who took this as a sign of an honest character. But as governor of Bithynia, and shortly afterwards as consul, he showed himself energetic and capable. He then returned to his old ways, or pretended to, and was consequently admitted to the small circle of Nero's intimate friends, where he became Arbiter of Elegance; in the end Nero considered nothing enjoyable or refined unless Petronius had recommended it. As a result, Tigellinus[1] became jealous, seeing in him a rival and a superior in the science of pleasure. And so he worked on the emperor's cruelty, which exceeded all his other passions. He accused Petronius of being a friend of Scaevinus;[2] he bribed a slave to give evidence against him, prevented him from making a formal defence, and arrested most of his household.
>
> The emperor at that time happened to have gone on a visit to Campania. Petronius followed him as far as Cumae; there he was detained. He refused to prolong the suspense in fear or hope. Neither did he end his life with headlong haste, he cut his veins, and then, as the fancy took him, he bound them up, then he opened them again. He talked to his friends, not on serious issues or on subjects calculated to win him a reputation for fortitude. He listened to their answers, not on the immortality of the soul or the dogmas of philosophers, but frivolous songs and light verses. He rewarded some of his slaves with presents and others with a flogging. He embarked on a lavish dinner; he took a nap; so that death, though forced on him, should seem natural. Even in his will he did not, like most men on their deathbeds, flatter Nero or Tigellinus or any other potentate, but wrote a full description of the emperor's depravities giving the names of his partners of either sex and his innovations in debauchery. This he sealed and sent to Nero. Then he broke his signet ring, so that it could not be used later to endanger others.
>
> **Annals XVI. 18-19**

[1] The Prefect of the Praetorian Guard.

[2] Scaevinus had been involved in Piso's conspiracy in A.D. 65.

1   *de malis   mala*   n.pl. = troubles   *imminere*   'to threaten, hang over'. Earlier in the
story, the three students, Encolpius, Ascyltos, and Giton, had been involved in several
disreputable escapades and they were expecting trouble.

2   Agamemnon was the professor of rhetoric whom Encolpius had met after one of his lectures;
Menelaus (1.12) was his assistant.

3   *lautissimo   lautus* (the past participle passive of *lavare*) came to mean 'smart, elegant';
so *lautitiae* (1.12) = elegance, luxury.

5   *Gitona*   accusative case; Giton is a Greek name and so has a Greek accusative form. Only
Encolpius and Ascyltos were invited to dinner and so Giton pretends to be their slave.

7   *calvum*   'bald'.

8   *capillatos*   'long haired'. Boys often wore their hair long; on assuming the *toga virilis* they
usually cut it short.

8-9   *nec tam pueri . . . quam*   'it was not so much the boys as . . .'

9   *soleatus*   'wearing slippers'.   *pila*   'with a ball'. Men often took exercise at the baths
and several ball games were played. Trimalchio was probably playing *trigon*, in which
three players threw a hard ball to each other. Normally the balls caught by each player
were counted; in Trimalchio's game the scorer counted the balls dropped!

11   *follem*   'a bag'.   *sufficiebat*   'supplied'.

14-15 *digitos concrepuit*   'snapped his fingers'.

16   *tersit*   'wiped, dried'.   *in lecticam*   the *lectica* (litter) was the usual method of transport
for rich men in the city; litters were carried by four or eight men.

17   *symphionacus*   'a musician'. This musician was a performer on the double pipes, who
played (*cantare*) softly into Trimalchio's ear.

20   *ianuam*   'the door'.   *libellus*   'a notice'.

21   *qui . . . foras exierit*   'who goes out', literally 'who shall have gone out' (future perfect tense).

22   *centum plagas*   'a hundred lashes'.   *super limen . . . aurea*   'above the threshold there
hung a golden cage.'   *pica varia*   'a black and white magpie'. Birds, especially parrots
and goldfinches, were often kept as pets; magpies can be taught to speak.

23   *intrantes*   'people coming in'.

24   *ad sinistram intrantibus*   'on the left as you came in'.

25   *catena*   'by a chain'.   *in pariete*   'on the wall'.   *quadrata*   'squared', i.e. 'capital'.

27   *spiritum collegi   spiritus* = breath, spirit, courage. 'I recovered my breath' or 'I plucked up
courage.'

28   *venalicium*   'a slave sale'.   *cum titulis*   'with titles', i.e. the names of the people in the
pictures were written underneath.   *capillatus*   Trimalchio was still a boy when he
was brought to Rome and wore his hair long.

29   *caduceum*   the *caduceus* was the wand of Mercury. As the bringer of good luck, Mercury
was the patron god of all business men; Trimalchio, the luckiest of all, claimed him as
his special patron.

30   *reddiderat*   'had represented'.

31   *ratiocinari*   'to keep accounts'; *rationes* = accounts.   *dispensator*   'a steward, financial
agent'.

32   *tribunal*   'a platform'.

33   *cornu abundanti*   'from her horn of plenty'; the goddess Fortuna is often represented as
pouring riches from a massive horn-shaped shell.

Chapter 1

An unexpected invitation

Itaque maesti deliberabamus de malis quae nobis imminebant, cum
servus Agamemnonis intravit et 'quid?' inquit 'nonne scitis? hodie
ad cenam invitati estis a Trimalchione, lautissimo homine. venite
igitur; nolite morari.' malorum igitur obliviscimur et celeriter
5   vestimenta induimus; et Gitona, qui libentissime servi officium
agit, iubemus ad balnea nos sequi. ubi ad balnea advenimus, errare
coepimus inter eos qui lavabantur. subito videmus senem calvum,
qui inter pueros capillatos ludit pila; nec tam pueri nos ad
spectaculum duxerant quam ipse senex, qui soleatus pila se
10   exercebat. numquam enim eam pilam repetebat quae terram tetigerat,
sed servus follem plenum habebat, ex quo novas pilas sufficiebat
eis qui ludebant. dum has miramur lautitias, accurrit Menelaus
et 'hic est' inquit 'apud quem cenabitis, et iam principium cenae
videtis.' vix locutus erat Menelaus, cum Trimalchio digitos
15   concrepuit; aquam poposcit et digitos lavit, quos in capite pueri
tersit. deinde vestitus est et in lecticam impositus. et dum
aufertur, ad caput eius symphionacus accessit et toto itinere
in aurem cantavit.

sequimur nos admiratione iam pleni et cum Agamemnone ad
20   ianuam pervenimus, in cuius poste libellus affixus erat cum hac
inscriptione: 'servus qui sine domini iussu foras exierit, accipiet
centum plagas.' super limen cavea pendebat aurea, in qua pica
varia intrantes salutabat. sed ego, dum omnia miror, paene cecidi
et crura mea fregi. ad sinistram enim intrantibus canis ingens,
25   catena vinctus, in pariete pictus est, superque quadrata littera
scriptum CAVE CANEM. et comites quidem mei riserunt; ego autem
spiritum collegi et totum parietem inspicere coepi. erat enim
venalicium cum titulis pictum, et ipse Trimalchio capillatus
caduceum tenebat et Romam intrabat. tum omnia, quae fecerat
30   Trimalchio, pictor cum inscriptione diligenter reddiderat. primum
Trimalchio ratiocinari discebat, deinde dispensator factus est,
denique Mercurius eum tollebat et in tribunal altum rapiebat; ibi
erat Fortuna, quae cornu abundanti divitias effundebat.

1	*triclinium* 'dining room'; *triclinium* properly means a couch running round three sides of a table; the diners reclined (*discumbere*) on the couch, usually three on each side. The fourth side was left open for serving the food.
2	*et ... miratus sum* 'and—a thing which especially surprised me— ...'
3	*fasces cum securibus* 'bundles of rods and axes'; these were the symbols of the power which Roman magistrates had once had to chastise and execute offenders. These powers had long lapsed, but senior magistrates retained the symbols; attendants called lictors walked before them carrying the *fasces cum securibus*. Trimalchio had not, of course, been a senior magistrate at Rome, but he had achieved the highest honour open to a freedman, the post of *sevir Augustalis*, one of the six priests in charge of the local cult of the emperor. To commemorate this event, Trimalchio's steward, Cinnamus, had set up this dedicatory inscription on the dining-room door-posts; in the inscription supply a verb, such as 'dedicates to ...'
6	*ante diem ... Ianuarias* 'on 30 and 31 December'. Trimalchio's engagement diary is publicly displayed.
7	*foris cenat* 'dines out'. *stellarum septem* 'the seven planets'. This tablet contained an astronomical calendar.
10	*dextro pede* i.e. 'right foot first!' Trimalchio was superstitious; to cross the threshold with the left foot would be unlucky.
12	*gressus* (acc. pl.): 'steps'. *despoliatus* 'stripped' (for punishment).
13	*poenae* 'from punishment'.
14	*peccatum* 'crime'. *subducta mihi sunt* 'were filched from me'. The slave had been left in charge of the clothes while his master bathed. *mihi* dative of person concerned.
15-16	*decem sestertiorum* 'worth ten sesterces' (genitive of value).
17	*aureos* the *aureus* (gold) was worth 100 sesterces.
19	*iactura* 'loss'. *nequissimi* 'utterly worthless'.
19-20	*vestimenta cubitoria* 'my dinner clothes'. *natali meo* supply *die* 'on my birthday'. *cliens* wealthy and influential Romans were patrons (*patroni*) of dependants (*clientes*), whom they assisted in return for services rendered. Even the servants of Trimalchio have clients!
21	*Tyria* i.e. dyed with Tyrian purple, the most expensive dye. *lota* past participle of *lavare* = to wash; i.e. they had been to the laundry once. *quid ergo est?* 'well, what does it matter?'
23	*ecce* 'look!'
24	*nobis ... impegit* 'planted a shower of kisses on us'.
26	*ut paronychia tollerent* 'to cut our toe-nails'; Trimalchio even provided chiropodists for his guests.
27	*obiter* 'in passing, as they went'.
28	*familia* 'household'; the Roman *familia* included slaves as well as the *paterfamilias* and his immediate family.
30	*pantomimi chorus* 'the chorus of a pantomime'; the Roman pantomime was what we call ballet; the dancers were accompanied by music and singers, either solo or chorus (see Balsdon, pp.274—6).
32	*gustatio valde lauta* 'a very elegant hors d'oeuvre'; these were snacks preceding the main courses of the dinner.
33-4	*asellus Corinthius* 'a donkey of Corinthian bronze'; this was a valuable alloy of gold, silver, and bronze; the donkey carried a double pannier (*bisaccium*) containing olives, and two dishes (*lances*) supported on its back.
36	*pondus* 'weight'.
37-8	*glires ... pruna* 'dormice sprinkled with honey and poppy seeds and sausages and damsons'.

Chapter 2

The dinner begins

Nos iam ad triclinium perveneramus, in cuius prima parte dispensator
rationes accipiebat. et quod praecipue miratus sum, in postibus
triclinii fasces erant cum securibus defixi, sub quibus erat scriptum:
C. POMPEIO TRIMALCHIONI, SEVIRO AUGUSTALI, CINNAMUS DISPENSATOR. duae
5 tabulae in utroque poste defixae erant, quarum altera hoc habebat
inscriptum: 'ante diem tertium et pridie kalendas Ianuarias Gaius
noster foris cenat.' altera habebat lunae cursum stellarumque septem
imagines pictas.
   iam conabamur triclinium intrare, sed exclamavit unus ex pueris
10 'dextro pede.' sine dubio paulisper trepidavimus⟨ne contra praeceptum
aliquis nostrum limen transiret.⟩tandem pariter movimus dextros
gressus, sed subito servus despoliatus procubuit ad pedes nostros
ac rogare coepit ut se poenae eriperemus; 'nec magnum' inquit 'fuit
peccatum meum, propter quod iam in periculo sum. subducta enim mihi
15 sunt vestimenta dispensatoris in balneo, quae vix fuerunt decem
sestertiorum.' rettulimus igitur dextros pedes dispensatoremque in
atrio invenimus, qui aureos numerabat. eum precati sumus ut servo
remitteret poenam. superbus ille sustulit vultum et 'non tam
iactura me movet' inquit 'quam neglegentia nequissimi servi. vestimenta
20 mea cubitoria perdidit, quae mihi natali meo cliens quidam donaverat,
Tyria sine dubio, sed iam semel lota. quid ergo est? dono vobis eum.'
   gratias ei egimus pro tanto beneficio et processimus ut intraremus
triclinium. ecce, occurrit nobis ille idem servus pro quo rogaveramus
et nobis plurima basia impegit et gratias egit humanitati nostrae.
25 tandem ergo discubuimus. extemplo pueri alii aquam in manus infuderunt,
alii insecuti sunt ad pedes ut paronychia tollerent. neque tamen
dum hoc officium molestum agebant, tacebant, sed obiter cantabant.
ego experiri volui 'num tota familia ita cantat?'; itaque puerum
rogavi ut potionem mihi afferret. extemplo puer imperium meum cantu
30 excepit. pantomimi chorus, non patris familiae triclinium mihi
videbatur.
   allata est tamen gustatio valde lauta; nam iam omnes discubuerant
praeter ipsum Trimalchionem, cui locus primus servabatur. asellus
Corinthius in mensa positus erat cum bisaccio, qui habebat olivas in
35 altera parte albas, in altera nigras. tegebant asellum lances duae,
in quibus nomen Trimalchionis inscriptum erat et argenti pondus.
in his erant glires melle et papavere sparsi et tomacula et
Syriaca pruna.

Subducta mihi sunt vestimenfa dispensatoris in balneis

1   *ad symphoniam*   'to the sound of a band'. The band would probably have consisted of lyre, double pipes, and percussion.

2   *pinna . . . perfodiens*   'picking his teeth with a silver tooth-pick'.

4   *lusum*   'my game'. Trimalchio was probably playing a game called *duodecim scripta* (twelve lines); for this he required a board (*tabula*) divided into twenty-four squares, fifteen counters (*calculi*) for each player, and three dice (*tesserae*). The players moved their counters in succession according to the throw of the dice (for a description of the game, see Balsdon, p.155). Trimalchio's board was made of terebinth wood, his dice of crystal, and for counters he used gold and silver coins (*denarii*).

7   *fecerat potestatem*   'had given permission'.

9   *gustatoria*   n.pl. 'the hors d'oeuvre'.

10   *paropsis argentea*   'a silver side-dish'.

11   *colaphis*   'with a box on the ears'.

13   *purgamenta*   n.pl.: 'rubbish'.   *scopis everrere*   'to sweep away with a broom'.

16   *quae nummos modio metitur*   'who counts her cash by the bushel'.

17   *modo, modo*   'the other day, just lately'.   *noluisses*   'you would have refused.'

18   *topanta*   'Trimalchio's all-in-all'.

19   *amphorae . . . gypsatae*   'wine jars carefully sealed'.   *quarum . . . titulo*   'on the necks of which labels were fixed with this inscription'.

20   *Falernum Opimianum*   wine grown in the Falernian district near Naples was reckoned amongst the best. The labels claimed that the wine was made in the year when Opimius was consul, 121 B.C., a famous vintage year. By the time of Trimalchio's dinner the wine would have been about 180 years old. In fact Falernian wines were at their best after ten or twenty years and a contemporary of Petronius (the elder Pliny) says that by his time Opimian wine was of the consistency of rough honey and so strong and bitter that it was undrinkable.

21   *complosit*   'clapped'.

22   *eheu*   'alas!'

24   *multo honestiores*   'much grander people'.

25   *larvam*   normally = a ghost, but here, a skeleton. Skeletons were often used as a *memento mori*; Trimalchio's had joints (*articuli*) so that it could change shape.

28   *eheu . . . nil est*   'alas for us poor creatures! All that man is is nothing.'

30   *dum licet esse bene*   'while we may enjoy ourselves'.

31   *toralia*   these were tapestries, here representing a hunt (*venatio*), hunters with nets (*retia*), into which game was driven, and hunting spears (*venabula*).

33   *apparatus*   'equipment'.

34   *canes Laconici*   Laconian (Spartan) hounds were bred for hunting.

35   *repositorium*   'a dish'.

36   *aper*   'a boar'.

37   *barbatus ingens*   'a huge bearded fellow'.   *venatorium cultrum*   'a hunting knife'.

39   *e ventre*   'from its belly'.

aucupes cum harundinibus   'bird catchers with reeds'. The reeds would be covered with bird-lime; this was a sticky substance made from holly bark, which attracted the birds. When they settled on it they could not escape.

Chapter 3

Trimalchio makes his entrance

In his eramus lautitiis, cum ipse Trimalchio ad symphoniam allatus
est. cum lecto accubuisset, pinna argentea dentes perfodiens, 'amici'
inquit 'nondum volui in triclinium venire, sed, ne diutius vos morarer,
omnem voluptatem mihi negavi; permittite tamen mihi ut lusum finiam.'
5 sequebatur puer tabulam terebinthiam portans et crystallinas tesseras;
et pro calculis albis et nigris aureos argenteosque habebat denarios.

    iam Trimalchio lusum finierat et fecerat potestatem clara voce ut
hospites iterum potionem sumerent, cum subito signum symphonia
datur et gustatoria a choro cantante rapiuntur. sed inter tumultum
10 cum forte paropsis argentea excidisset et puer iacentem sustulisset,
animadvertit Trimalchio colaphisque puniri puerum et proicere rursus
paropsidem iussit. insecutus est servus argentumque inter reliqua
purgamenta scopis coepit everrere.

    ego interim ad eum conversus sum qui supra me accumbebat et rogavi
15 'quae est mulier illa quae huc atque illuc discurrit?' 'uxor' inquit
'Trimalchionis; Fortunata appellatur, quae nummos modio metitur. et
modo, modo quid fuit? noluisses panem de manu illius accipere. nunc
Trimalchionis topanta est.'

    statim allatae sunt amphorae diligenter gypsatae, quarum in
20 cervicibus pittacia fixa sunt cum hoc titulo: 'Falernum Opimianum
annorum centum.' nobis titulos perlegentibus, complosit Trimalchio
manus et 'eheu' inquit 'ergo diutius vivit vinum quam homo. quare
libere bibamus. verum Opimianum praesto. heri non tam bonum posui,
et multo honestiores cenabant.' potantibus ergo nobis et lautitias
25 mirantibus, larvam argenteam attulit servus, cuius articuli in omnem
partem flectebantur. cum hanc super mensam semel atque iterum
obiecisset, ut aliquot figuras exprimeret, Trimalchio exclamavit:

      eheu, nos miseros, quam totus homuncio nil est.
      sic erimus cuncti, postquam nos auferet Orcus.
30   ergo vivamus, dum licet esse bene.

nobis sapientiam eius laudantibus subito advenerunt servi et toralia
proposuerunt, in quibus retia erant picta venatoresque cum
venabulis et totus venationis apparatus. cum haec miraremur, extra
triclinium clamor sublatus est ingens, et, ecce, canes Laconici
35 circum mensam discurrere coeperunt. secutum est hos repositorium
in quo positus est aper maximus. ut aprum scinderet, accessit
barbatus ingens, venatoris vestibus indutus, qui strinxit venatorium
cultrum et latus apri vehementer percussit. cum hoc fecisset, aves
e ventre evolaverunt. parati aucupes cum harundinibus fuerunt, qui
40 aves circum triclinium volitantes momento exceperunt.

1   *ferculo*   'anything carried' (*fero*); hence a 'dish' or 'course'.

2   *tyranno*   Trimalchio is referred to as the tyrant.   *nacti*   past participle of *nanciscor*; 'having obtained'.

6   *calfecit*   *calfacere* = to make warm;   *calidus -a -um*   'warm'.   *calida tamen . . . vestiarius est*   'a hot drink is as good as an overcoat.'

7   *madidus*   'soaked, drunk'.

8   *lavor*   'I take a bath' (not simply 'I wash').

9   *dilacerat*   'tears to bits'.

10   *bellus*   'nice'.

12   *utres inflati*   'inflated skins', i.e. 'wind-bags', 'balloons'.   *minoris quam muscae sumus* 'we are worth less than flies'; *minoris* is genitive of value, cf. *pluris* (1.13).

13   *bullae*   'bubbles'.

14   *abstinuit*   'abstained from'.

15   *micam*   'a crumb'.   *plures*   'the majority', i.e. the dead.

16   *immo*   'or rather'.

17   *elatus est*   *efferre* = to carry out to burial.   *planctus est*   *plangere* = to mourn. Roman funerals included an elaborate procession in which were mourners hired to raise a lament and sing a funeral dirge. The procession went from the dead man's house to the cemetery, which was always outside the city walls. There the bier was placed on a funeral pyre and burnt. When the fire died down the bones were gathered and put in an urn; this was placed in a tomb, often an elaborate monument such as that planned by Trimalchio for himself (see ch.9 and illustrations on pp. 20 and 42).

18   *maligne ploravit*   'didn't cry much'.

19   *aeque est ac*   'it is the same as if . . . '; i.e. 'you might just as well . . .'.   *bona*   'goods'.
        puteus   'a well'.

21   *meminerimus*   *memini* + gen. = I remember; *meminerimus*, perf. subj. = let us remember.

22   *quid . . . queratur*   'what has he got to grumble about?'   *asse*   the *as* was a small unit of money (or weight), e.g. one penny; the *quadrans* was a quarter of an *as*.

23   *de stercore*   'from the dung'.   *tamquam favus*   'like a honey comb'.

24   *solida centum*   'a solid hundred (thousand sesterces)'.   *in nummis*   'in cash'.

26   *meras nugas*   'pure rubbish'.

28   *buccam*   'a mouthful'.   *esuritio*   'famine'.   *aedilibus*   the aediles were the two officials elected annually by the citizens of Italian and provincial towns who were in charge of finance, the food supply, and the games.

29   *male eveniat*   'may it turn out badly for', i.e. 'curse on . . .'.   *cum pistoribus colludunt* 'are in league with the bakers'.

31-2   *plus nummorum*   'more (of) cash'.   *patrimonium*   'fortune, inheritance'.

32-3   *quod ad me attinet*   'as far as I'm concerned'.   *perseverare*   'to continue'.
        annona   'price of corn'.

33   *vestes comedi*   Ganymede means 'I've sold my clothes to buy food.'   *casulas*   'cottages'.

35   *coloniae*   a *colonia* was a settlement of Roman citizens in Italy or the provinces. Puteoli, which is probably where Trimalchio lived, was originally a Greek town but had received several settlements of Roman citizens.   *misereor*   'I pity' (+ gen.).

36   *ieiunium*   'a fast'.   *pili facit*   'cares a straw for'; *pili* is genitive of value from *pilus*, meaning literally 'a hair'.

37-9   In case of drought, which is common in south Italy, a ceremony was sometimes performed called the Nudipedalia; mothers of families walked with bare feet and loose hair (*passis capillis*) as a sign of penitence and humility to the temple of Jupiter and prayed for rain.   *stolatae*   'wearing *stolae*' (long robes).

39   *urceatim pluebat*   'it began to rain in buckets.'

40   *udi tamquam mures*   'as wet as mice' , i.e. 'like drowned rats'.

Chapter 4

The guests gossip

Hoc ferculo ablato, Trimalchio surrexit et triclinio discessit.
nos, libertatem sine tyranno nacti, coepimus inter nos colloqui.
itaque Dama primus, potione rogata, 'dies' inquit 'nihil est. dum
versas te, nox fit. itaque nihil est melius quam de cubiculo recta
5   in triclinium ire. et acre frigus habuimus. vix me balneum
calfecit. calida tamen potio vestiarius est. plurimum bibi et
plane madidus sum. vinum in caput meum abiit.'
    quibus auditis Seleucus 'ego' inquit 'non cotidie lavor; balneum
enim corpus dilacerat, aqua dentes habet. neque lavari potui; ivi enim
10   hodie ad funus. homo bellus, tam bonus Chrysanthus, diem suum obiit.
modo, modo me salutavit. videor mihi etiam nunc cum eo loqui. heu,
eheu! utres inflati ambulamus. minoris quam muscae sumus; muscae
tamen aliquam virtutem habent, nos non pluris sumus quam bullae.
et quid eum iuvit quod cibo abstinuit? quinque dies aquam in os
15   suum non coniecit, non micam panis. tamen abiit ad plures. medici
eum perdiderunt, immo malum fatum; medicus enim nihil aliud est
quam animi consolatio. tamen bene elatus est. planctus est optime,
etiam si maligne ploravit uxor. sed mulieres sunt pessimum genus.
nemo debet eis bene facere; aeque est ac si bona in puteum conicis.'
20   molestus fuit, et Phileros eo audito proclamavit: 'vivorum
meminerimus. ille habet quod sibi debebatur; honeste vixit, honeste
obiit. quid habet quod queratur? ab asse crevit et paratus fuit
quadrantem de stercore dentibus tollere. itaque crevit tamquam
favus. mehercule, reliquit solida centum, et omnia in nummis
25   habuit.'
    haec locuto Philerote, Ganymedes 'meras nugas' inquit 'narratis.
nemo interim curat quam carum sit frumentum. non mehercule hodie
buccam panis invenire potui. iam totum annum esuritio fuit. aedilibu
male eveniat, qui cum pistoribus colludunt "serva me, servabo te."
30   heu, heu, cotidie peius! sed quare habemus aedilem pessimum, qui
sibi mavult assem quam vitam nostram? itaque domi gaudet, plus
in die nummorum accipiens quam alter totum patrimonium habet. quod
ad me attinet, vestes comedi et perseverante hac annona casulas
meas vendam. quid enim futurum est, si nec dei neque homines huius
35   coloniae miserentur? omnia haec, ut ego credo, a dis fiunt. nemo
enim caelum caelum putat; nemo ieiunium servat; nemo Iovem pili
facit; sed omnes opertis oculis bona sua computant. antea matres
stolatae ibant nudis pedibus ad templum, passis capillis, mentibus
puris, et Iovem aquam orabant. itaque statim urceatim pluebat, et
40   omnes redibant udi tamquam mures. nunc autem, quia religiosi non
sumus, agri iacent . . .'

In this bas relief a funeral procession is in progress. The corpse lies uncovered on a bier (*lectus funebris*) carried by eight bearers. At the top left women mourners are weeping; to the right of the bier a man laments, tearing his cheeks. The procession is led by a band–two horn players (*cornicines*), a trumpeter, and, below, four performers on the double flutes (*tibicines*).

42   *interpellans   interpellare* = to interrupt   *melius loquere*   'talk better', i.e. 'don't be so
    gloomy!'

43   *truditur   trudere* = to push, jostle; 'that's how life jogs along.'

44   *munus, muneris,* n.   'a gift, duty'; then 'a show' given by a magistrate, especially a
    gladiatorial show.   *Titus noster*   Echion refers to the aedile.

45   *ferrum*   Echion means the gladiators will be given sharp swords.   *sine fuga*   usually, for
    the sake of economy, defeated gladiators were not killed off.   *carnarium*   'a butcher's
    shop, a shambles'.

46   *habet unde*   literally 'he has whence'. i.e. 'he has the wherewithal.'   *sestertium tricenties*
    'thirty million sesterces'.

49   *ideo*   'for this reason, that's why'.   *prae litteris fatuus es*   'you are mad with learning.'

50   *persuadeam*   'could I persuade . . .?' (potential subjunctive, see chapter 7).

51-2 *pullum*   'a chicken'.   *ova*   'eggs'.

52   *filiolus*   'my little son' (diminutive of *filius*).   *quattuor partes*   'his four times table'.

54   *in aves morbosus est*   'he's crazy on birds.'   *cardeles*   'goldfinches'.

55   *mustella*   'the weasel'; weasels were often kept instead of cats.   *nenias* 'nonsense'

57   *curiosus*   'hard-working, inquiring'.   *feriatis diebus*   'on holidays'.

59   *libros rubricatos*   'books with red headings'; these were books of law.   *gustare*   'to have
    a taste of'.

60   *haec res habet panem*   'you can make a living out of this.'   *inquinatus*   literally 'stained';
    i.e. 'he's dipped deep . . .'.

61   *destinavi*   'I have decided.'   *artificium*   'a trade'.   *tonstrinum*   'a barber's training'.
    praeconem   'an auctioneer'.

62   *causidicum*   'a barrister'.   *Orcus*   'Hell, death'.

64   *thesaurus*   treasure

Echion autem, sermonem eius interpellans, 'oro te' inquit 'melius
loquere. quod hodie non est, id cras erit; sic vita truditur. et,
ecce, habituri sumus munus optimum. et Titus noster magnum animum
45   habet. ferrum optimum daturus est, sine fuga, carnarium in medio,
ut spectatores videant. et habet unde; relictum est illi sestertium
tricenties. videris mihi, Agamemnon, dicere "quid iste loquitur
molestus?" quia tu, qui potes loqui, non loqueris. non es nostri
generis, et ideo pauperum verba derides. tu prae litteris fatuus
50   es; omnes id scimus. quid ergo est? aliqua die tibi persuadeam
ut ad villam nostram venias? inveniemus quod edamus, aut pullum
aut ova. et tibi discipulus crescit filiolus meus. iam quattuor
partes dicit; si vixerit, habebis bonum discipulum. ingeniosus est,
etiam si in aves morbosus est. ego iam tres cardeles eius occidi
55   et dixi "mustella eos comedit." invenit tamen alias nenias et
libentissime pingit. est et alter filius non quidem doctus, sed
curiosus, qui plus docet quam scit. itaque feriatis diebus solet
domum venire, et quidquid dederis, contentus est. emi ergo puero
aliquot libros rubricatos, quia volo eum aliquid de iure gustare.
60   haec res habet panem. nam litteris satis inquinatus est. si noluerit,
destinavi illum artificium docere, aut tonstrinum aut praeconem
aut certe causidicum, quod illi auferre nihil potest nisi Orcus.
ideo illi cotidie clamo: "fili, crede mihi, quidquid discis, tibi
discis, litterae thesaurus est, et artificium numquam moritur." '

Carnarium in medio

1   *vibrabant* 'were buzzing round'.   *detersa   detergere* = to wipe.

2   *unguento* 'with scent'.   *interposito* 'placed between'; i.e. 'after a short interval'.

3   *venter mihi non respondet*   'my bowels have not performed.'

4   *malicorium*   a medicine made from the rind of pomegranate.

5   *aliquid* (adverbial acc.) 'somewhat'.   *alioquin* 'otherwise'.   *circa stomachum . . .*
        taurum 'there is such a rumbling in my stomach, you would think (it was) a bull.'

6-7   *nemo . . . natus est* 'none of us is born solid.'

7   *tormentum* 'torture, torment'.

11   *mundatis   mundare* = to clean.   *sues* 'pigs'.

12   *capistris et tintinnabulis*   'muzzles and bells'.

13   *bimum, trimum, sexennem*   'two, three, six years old'.

14   *in circulis*   literally 'in groups (of people)', i.e. 'in the crowds in the streets'.   *portenta*
        'tricks'. Performing pigs were until recently a common entertainment in fairs in this
        country; they can, for instance, be taught to spell.

17   *electione nostra* 'our choice'.

18   *ex quota decuria* 'from which division?' Trimalchio's household was so large that it was
        divided into units like an army. The cook came from the fortieth (*quadragesima*)
        division.

21   *ponas   ponere* here = to serve   *decuriam viatorum* 'the messengers' division'; this would
        be demotion to a less attractive job.

23-4   *obsonium duxit* 'the dish (to be) led the cook'.   *culinam* 'the kitchen'.

25-6   *quiquid . . . facit*   literally 'whatever makes for saliva', i.e. 'whatever makes your mouth
        water'.

27   *Tarentum*   modern Taranto. Trimalchio is so rich that he has not even visited all his
        property but with mock modesty he refers to his estates as *agellos*, 'my little farms'.

29   *controversiam* 'debate'. Agamemnon was a professor of rhetoric. Rhetoric, the art of
        public speaking, was the regular form of higher education in the ancient world; it
        prepared students for public life in the law courts and in politics. It was based on an
        elaborate system, which included the practice of *controversiae*; these were debates on
        some point of law, centring round an imaginary case. Students prepared speeches on
        one side or both, and the teacher would sometimes deliver a set oration (*declamatio*)
        as an example.

30   *causas ago   causa* = a law case; *causam agere* = to plead in court. In the Roman world most
        educated men spent some years acting as barristers in the courts before or during their
        political careers. Trimalchio claims to have studied literature 'for domestic use', although
        he did not practise at the bar. The study of literature, the main part of ancient secondary
        education, was important in rhetoric.

31   *bibliothecas* 'libraries'. All educated Romans spoke and read Greek as well as Latin. Public
        libraries were common in the Roman empire and the remains of private libraries have
        been found in houses, e.g. at Herculaneum.

32   *peristasim* 'the outline'.

34   *urbane* 'wittily (said)'.   *nescioquam controversiam* 'some debate or other';
        nescioquis   literally = 'I don't know who/what', but comes to be used as an indefinite
        pronoun or adjective.

37   *talia efflabat* 'he was puffing out such rubbish'.   *repositorium* 'a dish'.

38   *gallum* 'a chicken'.

39   *porcum* 'pig'.

40   *exinterare* 'to gut'.

Chapter 5

A practical joke

Eius modi fabulae vibrabant, cum Trimalchio intravit et, detersa
fronte, unguento manus lavit spatioque minimo interposito 'ignoscite
mihi' inquit 'amici, multis iam diebus venter mihi non respondet. nec
medici me iuvare possunt. profuit tamen mihi malicorium et iam, spero,
5 aliquid recreatus sum; alioquin circa stomachum mihi sonat, putes taurum.
itaque si quis vestrum voluerit exire, non est cur eum pudeat. nemo
nostrum solide natus est. ego nullum puto tantum tormentum esse quam
se continere. multos scio sic periisse, dum nolunt sibi verum dicere.'
gratias agimus liberalitati indulgentiaeque eius, multum bibentes
10 ut celemus risum. nec adhuc sciebamus nos non iam ad mediam cenam
advenisse. nam, mensis ad symphoniam mundatis, tres albi sues in
triclinium adducti sunt capistris et tintinnabulis culti, quorum
unum bimum esse dicebat servus, alterum trimum, tertium sexennem.
ego putabam porcos, sicut in circulis mos est, portenta aliqua
15 facturos esse. sed Trimalchio, ne diutius miraremur, 'quem' inquit
'ex eis vultis in cenam statim caedi?' tum cocum vocari iussit
et non exspectata electione nostra maximum iussit occidi. tum clara
voce: 'ex quota decuria es?' ille respondit se ex quadragesima
esse. cui Trimalchio 'utrum emptus es an domi natus?' 'neutrum' inquit
20 cocus 'sed testamento Pansae tibi relictus sum.' 'vide ergo' ait
Trimalchio 'ut diligenter ponas; si non, te iubebo in decuriam viatorum
conici.'
et cocum quidem potentiae domini admonitum ad culinam obsonium
duxit. Trimalchio autem miti ad nos vultu respexit et 'vinum' inquit
25 'si non placet, mutabo. deorum beneficio non emo, sed quidquid
ad salivam facit in praedio nascitur eo, quod ego adhuc non novi.
dicitur esse prope Tarentum. nunc coniungere agellis meis Siciliam
volo, ut, cum ad Africam voluero ire, per meos fines navigem. sed
narra tu mihi, Agamemnon, quam controversiam hodie egisti? ego etiam
30 si causas non ago, in domesticum usum litteras didici. et ne me putes
studia contemnere, duas bibliothecas habeo, unam Graecam, alteram
Latinam. dic ergo, si me amas, peristasim declamationis tuae.' cum
dixisset Agamemnon: 'pauper et dives inimici erant', ait Trimalchio
'quid est pauper?' 'urbane' inquit Agamemnon et nescioquam contro-
35 versiam exposuit. statim Trimalchio 'hoc' inquit 'si factum est,
controversia non est; si factum non est, nihil est.'
talia efflabat cum repositorium cum sue ingenti mensam occupavit.
mirari coepimus celeritatem et iurare ne gallum quidem tam cito
coqui posse. deinde Trimalchio porcum intuens 'quid? quid?' inquit
40 'porcus hic non est exinteratus? non mehercule est. voca, voca
cocum.' cum constitisset ad mensam cocus tristis et diceret se

42   *putes*   'you would think'; potential subjunctive, see chapter 7.

43   *piper et cuminum*   'pepper and cumin (a herb)'.   *despolia eum*   'strip him'.

44   *tortores*   'torturers'.

45   *deprecari*   'to beg off'.

46   *remittere*   'to let off'.

48   *inclinatus*   'leaning'.

49   *num quis . . .?* 'can anyone . . .?'

52   *cultrum*   'a knife'.   *ventrem*   'belly'.

53   *plagis*   'slits'.   *tomacula cum botulis*   'sausages and black puddings'.

oblitum esse exinterare, 'quid? oblitus?' Trimalchio exclamat. 'putes
illum piper et cuminum non coniecisse. despolia eum.'
   non fit mora. despoliatus cocus inter duos tortores maestus
45   constitit. deprecari omnes coeperunt et dicere: 'solet fieri; rogamus
ut remittas eum. postea si fecerit, nemo nostrum pro illo rogabit.'
ego, vir crudelissimae severitatis, non potui me tenere, sed
inclinatus ad aurem Agamemnonis 'plane' inquam 'hic debet esse
servus nequissimus. num quis potest oblivisci porcum exinterare?'
50   at Trimalchio relaxato in risum vultu 'ergo' inquit 'quia tam malae
memoriae es, palam nobis illum exintera.' recepta cocus
tunica cultrum arripuit porcique ventrem hinc et illinc timida
manu secuit. nec mora, ex plagis crescentibus tomacula cum botulis
effusa sunt.

Iam quattuor partes dicit; si vixerit, habebis bonum discipulum

1   *plausum*   'applause'.   *Gaio feliciter*   'good luck to Gaius!' A verb such as *eveniat* must be supplied. Trimalchio's full name was Gaius Pompeius Trimalchio Maecenatianus.

3   *lance Corinthia*   'a dish of Corinthian bronze'.

4   *Corinthia*   n.pl. (supply *aera*) 'Corinthian bronzes'.

5   *scilicet*   'of course', 'you see'.

6   *aerarius*   'bronze smith'.   *nesapium*   'an ignoramus'.

7   *Ilium*   Troy. Despite his claim to have studied literature Trimalchio's knowledge of myth and history is singularly confused.

8   *homo vafer et magnus stelio*   'a cunning fellow and a slippery rogue'; *stelio* literally = a newt.

9   *aeneas*   'bronze'.   *congessit*   'heaped up'.

10   *massa*   'mass of metal'.

11   *vitrea*   n.pl. 'glassware'. Glass was first manufactured in Egypt in the second millennium B.C. It was a luxury article until glass blowing was invented in the second century B.C. Glass vessels of every kind then became extremely common. Pliny the Elder, Petronius' contemporary, says that by his time glass drinking cups had largely replaced cups of gold and silver.

12   *olent*   *olēre* = to smell.   *et si . . . quam aurum*   'and if they did not break, I should prefer them myself to gold.'

13   *phialam*   'a drinking cup'.

16   *pavimentum*   'the floor'.

17   *collisa erat*   *collidere* = to batter, to dent.   *vasum aeneum*   'a bronze vessel'.

18   *martiolum*   'a little hammer'.   *de sinu*   'from his pocket'.   *sinus* properly means the fold of a *toga* which passed loosely over the chest. Romans used this fold as a pocket. *correxit*   *corrigere* = to straighten.

19   *solium Iovis*   'the throne of Juppiter'.   *utique*   'especially'.

21   *vide modo*   'just see!'

22   *decollari*   'to be beheaded'.

23   *si scitum . . . haberemus*   'if it were known, we should consider gold as cheap as dirt'.

24   *aquam foras, vinum intro*   'out with the water, in with the wine!' Supply a verb such as *mittite*.

25-6   *facetias*   'wit'.   *quibus meritis revocaretur*   'what to do to be invited again'.

26   *ceterum*   'but'.

28   *cordacem . . . ducit*   'dances the cancan'. The *cordax* was a rude Greek dance.

30   *num deceret . . . ineptire*   'whether it suited his dignity to play the fool like this'.

32   *petauristarii*   'acrobats'.   *baro insulsissimus*   'a stupid blockhead'.   *cum scalis* 'with a ladder'.

33   *per gradus*   'on the rungs'.

34   *circulos*   'circles', i.e. 'hoops'.   *transilire*   'to leap through'.

37   *cornicines*   'trumpeters'.

39   *putidum*   'rotten, worthless'.   *cuius et cervices . . . vidissent*   'even whose neck they would have gladly seen broken', (*vidissent* potential subjunctive, see chapter 7).

41   *necesse haberent*   literally 'should have the necessity', i.e. 'should have to'.   *alienum mortuum*   'the death of a complete stranger';   *alienus* = belonging to another, not one's own.

Chapter 6

A history lesson and an accident

Plausum post hoc servi dederunt et 'Gaio feliciter' conclamaverunt.
et cocus potione honoratus est et argentea corona poculumque
accepit in lance Corinthia. quam cum Agamemnon propius consideraret,
ait Trimalchio: 'solus sum qui vera Corinthia habeam. et forsitan
5 quaeris quare solus Corinthia vera possideam: quia scilicet
aerarius a quo emo Corinthus vocatur. et ne me putetis nesapium
esse, valde bene scio unde Corinthia nata sint. cum Ilium captum
esset, Hannibal, homo vafer et magnus stelio, omnes statuas
aeneas et aureas et argenteas in unum rogum congessit et eas
10 incendit. ita ex hac massa fabri sustulerunt et fecerunt pocula
et statuas. sic Corinthia nata sunt. sed ego malo mihi vitrea;
certe non olent. et si non frangerentur, mallem mihi quam aurum.
nunc autem vilia sunt. fuit tamen faber qui fecit phialam vitream
quae non frangebatur. admissus ergo ad Caesarem rogavit num
15 novum genus phialae videre vellet; deinde phialam porrexit et
in pavimentum proiecit. Caesar quam maxime timuit. at ille
sustulit phialam de terra; collisa erat tamquam vasum aeneum;
deinde martiolum de sinu protulit et phialam facillime correxit.
hoc facto putabat se solium Iovis tenere, utique postquam Caesar
20 illi dixit: "num quis alius scit quomodo fiant haec vitrea?"
vide modo. postquam faber negavit quemquam alium talia vitrea
facere posse, iussit illum Caesar decollari. quaeritis cur hoc
fecerit? quia, si scitum esset, aurum pro luto haberemus.'
   tum Trimalchio 'aquam foras, vinum intro' clamavit. laudavimus
25 eius facetias et ante omnes Agamemnon, qui sciebat quibus meritis
revocaretur ad cenam. ceterum laudatus Trimalchio hilarius bibit
et iam paene ebrius 'nemo' inquit 'vestrum rogat Fortunatam meam
ut saltet? credite mihi, cordacem nemo melius ducit.' et
proditurus erat ipse in medium ut saltaret, sed Fortunata ad
30 aurem accessit et, credo, rogavit eum num deceret gravitatem eius
sic ineptire.
   petauristarii autem tandem venerunt. baro insulsissimus cum
scalis constitit puerumque iussit per gradus et in summa parte
saltare, circulos deinde ardentes transilire et dentibus
35 amphoras sustinere. mirabatur haec solus Trimalchio; dixit enim
duo esse in rebus humanis quae libentissime spectaret,
petauristarios et cornicines. cum haec diceret, puer delapsus in
bracchium Trimalchionis cecidit. conclamavit familia, nec minus
convivae, non propter hominem tam putidum, cuius et cervices
40 fractas libenter vidissent, sed propter malum exitum cenae, ne
necesse haberent alienum mortuum plorare. ipse Trimalchio cum

42   *ingemuisset   ingemiscere* = to groan.   *incubuisset*   'lay over', i.e. 'nursed'.

43   *crinibus passis*   'her hair dishevelled' (as a sign of mourning).

45   *missionem*   'his discharge', i.e. to be let off.

46   *ne quid ridiculi*   'lest some joke . . .'. literally, 'something of a joke' (partitive genitive).

'Credite mihi, cordacem nemo melius ducit'

graviter ingemuisset superque bracchium tamquam laesum incubuisset,
concurrere medici, et inter primos Fortunata crinibus passis,
miseramque se esse et infelicem proclamavit. puer interim, qui
45   ceciderat, circumibat iamdudum pedes nostros et missionem rogabat.
ego maxime timebam ne quid ridiculi his precibus quaereretur;
adhuc enim memineram illius coci, qui oblitus fuerat porcum
exinterare. nec longe erravit suspicio mea; non enim puniri
iussit Trimalchio sed liberum esse, ne quis posset dicere tantum
50   virum a servo esse vulneratum.

Habitabamus in vico angusto

2   *suavior esse in convictu*   'to be better company at a party'.

4   *affabilitate*   'friendliness, affability'.   *gaudio dissilio*   'I am bursting with joy.'

6   *istos scholasticos*   'those intellectuals'; Niceros means Agamemnon and Encolpius. The word is commonly used of teachers of rhetoric.

7   *mihi*   'from me'; the dative of the person concerned.   *rideri quam derideri*   'to be laughed at than sneered at'. It is not easy to see Niceros' distinction.

8   *'haec ubi dicta dedit'*   a fragment of heroic verse; it occurs for instance in Virgil, *Aeneid,* ii.790. This, and the lofty word *exorsus est* = he began, suggest that Niceros' story will be an epic.

9   *vico*   'a street'.

10   *Terentii cauponis*   *caupo* = innkeeper. Terentius was a slave managing the inn for his master. It was common practice for rich men to put slaves in charge of their shops or inns. Terentius died while he and Melissa were visiting their master at his country house or farm (*villa*).

11   *pulcherrimum bacciballum*   'a really beautiful little peach'.   *corporaliter*   'physically', 'for her body'.

13   *assem . . . semissem*   'a penny . . . a halfpenny'.

14   *contubernalis*   'her mate'; slaves could not contract a legal marriage (*conubium*) but masters would often recognize a liaison between two slaves as an unofficial marriage (*contubernium*).

17   *hospiti nostro*   the soldier was perhaps a paying guest or lodger at his master's house. *miliarium*   'milestone'. All Roman roads had milestones recording their distance from Rome, where in the Forum stood the Golden Milestone from which the distances were measured.

18   *fortis tamquam Orcus*   'brave as hell'.

19   *gallicinia*   'cockcrow' (*gallus-canere*).   *monumenta*   'tombs', 'monuments'. Roman cemeteries were always outside the city walls; often the road would have tombs on either side for a considerable distance and inscriptions on the tombstones (*stelae*) would appeal to passers-by to read their message, cf. Trimalchio's monument and inscription in chapter 9.

20   *facere*   'to make for'.   *cantabundus*   'singing'; cf. *moribundus* = dying.

22   *secundum*   prep. with acc. 'beside'.   *in naso*   'in my nose'.

23   *circumminxit*   'he piddled all round.'

24   *ululare*   'to howl'.

26   *lapidea*   'stone'.

28   *ut larva*   'like a ghost'.

29   *sudor*   'sweat'.   *crura*   'legs'.

32   *tamquam lanius*   'like a butcher'.

33   *nec tamen derisit*   'but it didn't get the last laugh.'

35   *amplius*   'any more'.   *bos*   'an ox'.

40   *gustare*   'to taste'.

41   *genios . . . habeam*   literally: 'may I have your *genii* angry!' i.e. 'may I encounter the anger of your genii!' The Romans commonly believed that every man had an attendant spirit, his *genius*, a sort of guardian angel.

Chapter 7

Niceros' story

Deinde Trimalchio ad Nicerotem respexit et 'solebas' inquit
'suavior esse in convictu; nescio quare nunc taceas nec quicquam
dicas. oro te, narra illud quod tibi iuveni accidit.' Niceros
delectatus affabilitate amici 'gaudio dissilio' inquit 'quod te
5   tam hilarem video. itaque faciam quod rogas, etsi timeo istos
scholasticos ne me rideant. rideant; narrabo tamen; quid enim
mihi aufert qui ridet? melius est rideri quam derideri.'
    'haec ubi dicta dedit', talem fabulam exorsus est:
    'Cum adhuc servirem, habitabamus in vico angusto; nunc Gavillae
10   domus est. ibi amare coepi uxorem Terentii cauponis; noveratis
Melissam, pulcherrimum bacciballum. sed ego non mehercule corporaliter illam amabam sed magis quod bono ingenio fuit. si quid
ab illa petii, numquam mihi negavit; si fecit assem, semissem
habui. huius contubernalis ad villam supremum diem obiit. itaque
15   nihil non egi ut ad illam pervenirem. forte dominus meus Capuam
exierat ut negotium quoddam expediret. nactus ego occasionem
persuadeo hospiti nostro ut mecum ad quintum miliarium veniat.
erat autem miles, fortis tamquam Orcus. proficiscimur nos circa
gallicinia; luna lucebat tamquam meridie. venimus inter monumenta;
20   comes meus coepit ad stelas facere; sedeo ego cantabundus et
stelas numero. deinde ut respexi ad comitem, ille exuit se et
omnia vestimenta secundum viam posuit. mihi anima erat in naso,
stabam tamquam mortuus. at ille circumminxit vestimenta sua, et
subito lupus factus est. nolite me iocari putare; ululare coepit
25   et in silvas fugit. ego primum nesciebam ubi essem, deinde accessi
ut vestimenta eius tollerem; illa autem lapidea facta sunt. paene
timore mortuus sum. gladium tamen strinxi et in tota via umbras
cecidi, donec ad villam amicae meae perveni. ut larva intravi;
sudor mihi per crura fluebat, oculi mortui, vix umquam refectus
30   sum. Melissa mea rogare coepit cur tam sero ambularem et "si antea"
inquit "venisses, saltem nos adiuvisses; lupus enim villam intravit
et omnia pecora oppugnavit; tamquam lanius sanguinem illis misit.
nec tamen derisit, etiam si fugit. servus enim noster lancea
collum eius traiecit, atque interfecisset eum, nisi aufugisset."
35   haec ut audivi, operire oculos amplius non potui, sed clara luce
domum fugi. et postquam veni in eum locum, in quo lapidea
vestimenta erant facta, nihil inveni nisi sanguinem. ut vero domum
veni, iacebat miles meus in lecto tamquam bos, et collum eius
medicus curabat. intellexi illum versipellem esse, nec postea
40   cum illo panem gustare potui, non si me occidisses. videant alii
quid de hoc putent; ego si mentior, genios vestros iratos habeam.'

43   *pili mihi inhorruerunt*   'my hair stood on end.' Note this use of the dative where we use a
         possessive adjective.   *nihil nugarum*   'no nonsense' (*nugarum* is partitive gen.,
         literally: 'nothing of nonsense').

46   *decessit*   'died'.   *misella*   'poor'; a pitying diminutive of *miser*.

47   *strigae*   'witches'.   *stridere*   'to shriek'. Belief in witches was widespread; they were
         said to cast spells, draw down the moon, carry off corpses, etc.   *putares*   'you would
         have thought' (potential subj.).

48   *leporem*   'a hare'.   *Cappadocem*   from Cappadocia, in the east of modern Turkey.

50   *ostium*   'door'.

51   *tamquam hoc loco*   'as it were in this spot'. Trimalchio indicates on himself the point at
         which the Cappadocian pierced the witch, but immediately follows this with a
         superstitious prayer that he may not be affected there himself.

52   *gemitum*   'a groan'.

53   *lividum*   'black and blue'.

54   *flagellis*   'whips'.

56   *manuciolum de stramentis factum*   'a little bundle made of straw'.

58   *supposuerant stramenticium vavatonem*   'had substituted a straw doll'.
         sunt   'there are'.

59   *plussciae*   'who know too much'.   *ceterum*   'but'.

60   *numquam sui coloris fuit*   'never recovered his proper colour'.

61   *phreneticus*   'delirious'.

attonitis admiratione universis, 'tibi credo' inquit Trimalchio;
'pili mihi inhorruerunt, quia scio Nicerotem nihil nugarum narrare;
sed certus est et minime mendax. nam et ipse vobis, si velitis,
45 rem horribilem narrare possim. cum adhuc iuvenis essem, conservus
quidam decessit. cum ergo illum mater misella ploraret et nos
doleremus, subito strigae stridere coeperunt; putares canem
leporem persequi. habebamus tunc hominem Cappadocem, longum, valde
audacem et validum; si voluisset, potuisset bovem iratum tollere.
50 hic audacter stricto gladio extra ostium procucurrit et mulierem
tamquam hoc loco—salvum sit quod tango—mediam traiecit. audimus
gemitum et—plane non mentiar—ipsas non vidimus. homo autem
noster reversus se proiecit in lectum, et corpus lividum habebat
quasi flagellis caesus esset. nos clauso ostio redimus iterum ad
55 officium, sed dum mater amplectitur corpus sui filii, tangit et
videt manuciolum esse de stramentis factum. non cor habebat, non
intestina, non quicquam; scilicet iam puerum strigae eripuerant
et supposuerant stramenticium vavatonem. mihi credite, sunt mulieres
plussciae, sunt nocturnae, quae omnia evertere possunt. ceterum
60 homo ille longus post hoc factum numquam sui coloris fuit, sed
paucos post dies phreneticus periit.'

Venimus inter monumenta

1 *osculati mensam* 'after kissing the table'; this seems to be a superstitious custom to avert evil.

2 *nocturnas* 'the night women', i.e. the witches.

3 *lucernae* 'lamps'.

4 *delicias* 'his pet'.

5 *lippus* 'blear-eyed'.

6 *catellae . . . indecenter pingui* 'a puppy . . . indecently fat'.

7 *nausea* (abl.): 'from sickness', 'nausea'.

9 *admonitus ostiarii calce* literally 'warned by the doorkeeper's heel', i.e. by a kick from the doorkeeper.

13 *rixam* 'a quarrel, fight'; so *rixari* (l.14) = to fight. *latratu* 'with barking'.

15 *candelabrum* 'a lamp stand'. *vasa crystallina* 'crystal vessels'.

16 *oleo ferventi* 'with burning oil'. *resperserit* 'spattered'.

17 *iactura* 'by the loss'. *basiavit* 'kissed'.

19-20 *interdiu severa* 'in the daytime business. . .'. *severa* n.pl., literally 'serious things'.

21 *valvas* 'folding doors'. *lictor* a magistrate's attendant. *amictus* dressed.

22 *comissator* 'a reveller'.

23 *praetorem* 'the mayor'; in some Italian towns the two chief magistrates were called praetors; like the praetors in Rome, they were in charge of the administration of justice.

24 *nudos pedes* guests removed their shoes during dinner. *trepidationem* 'panic, trepidation'.

26 *sevir* the *seviri* were the six priests in charge of the local cult of the emperor; only freedmen were eligible for this post. By profession Habinnas was a stonemason (*lapidarius*), who made gravestones (*monumenta*). *idemque* 'and the same man', i.e. 'and also . . .'.

27 *recreatus* 'restored', i.e. 'relieved'.

29 *coronis et unguento* at a party guests often put on garlands of flowers or leaves (*coronae*) and anointed themselves with perfumed ointment (*unguentum*) when serious drinking began.

32 *phialam* 'a cup'.

34 *et mehercule bene fuit* 'and my goodness we did well' (literally 'it was well').

37-8 *porcum . . . autopyrum* 'pork, garnished with honey cake and giblets very well done and beetroot and wholemeal bread'.

39 *ferculum* 'dish'. *scriblita* 'a tart' (the wine poured over the hot honey—*mel*—formed a sauce).

41 *ursi frustum* 'a joint of bear'.

Chapter 8

Habinnas arrives

Miramur nos et universi credimus, osculatique mensam rogamus
nocturnas ut domi se teneant, dum redimus a cena. equidem iam
tantum biberam, ut lucernae mihi plures viderentur ardere totumque
triclinium mutatum esse. Trimalchio autem ad delicias suas respexit,
5   quem Croesum appellabat; puer lippus, sordidissimis dentibus,
catellae nigrae atque indecenter pingui tantum panis dabat ut
illa nausea recusaret. quibus visis Trimalchio Scylacem adduci
iussit, 'praesidium domus familiaeque.' nec mora, ingentis formae
adductus est canis, catena vinctus, admonitusque ostiarii calce
10 ut cubaret, ante mensam se posuit. tum Trimalchio iactans
candidum panem, 'nemo' inquit 'in domo mea me plus amat.' indignatus
puer, quod Scylacem sic laudaret, catellam in terram posuit hort-
atusque est ut ad rixam properaret. Scylax ingenti latratu triclinium
implevit catellamque Croesi paene laceravit. dum canes rixantur,
15 candelabrum super mensam est eversum, ita ut omnia vasa crystallina
fregerit et oleo ferventi aliquot convivas resperserit. Trimalchio,
ne videretur iactura motus esse, basiavit puerum et iussit
potiones dari omnibus servis qui ad pedes convivarum sedebant,
clamans 'si quis noluerit accipere, caput illi perfunde. interdiu
20 severa, nunc hilaria.'
    inter haec triclini valvas lictor percussit, amictusque veste
alba cum ingenti turba comissator intravit. ego maiestate eius
adeo territus sum ut praetorem putarem venisse. itaque temptavi
surgere et nudos pedes in terram deferre. risit hanc trepidationem
25 Agamemnon et 'contine te' inquit 'homo stultissime. Habinnas
sevir est idemque lapidarius, qui dicitur monumenta optime facere.'
    recreatus hoc sermone recubui Habinnamque intrantem cum
admiratione ingenti spectabam. ille autem ebrius uxoris suae
umeris imposuerat manus, oneratusque aliquot coronis et unguento
30 per frontem in oculos fluente, se posuit continuoque vinum et
calidam aquam poposcit. delectatus hac Trimalchio hilaritate, et
ipse maiorem poposcit phialam quaesivitque quomodo acceptus esset.
'omnia' inquit Habinnas 'habuimus praeter te; oculi enim mei
hic erant. et mehercule bene fuit.' 'quid' inquit Trimalchio
35 'habuistis in cena?' 'dicam' inquit Habinnas 'si potuero; nam
tam bonae memoriae sum ut saepe nomen meum obliviscar. habuimus
tamen in primo porcum et circa saviunculum et gizeria optime
facta et betam et panem autopyrum, quem ego malo quam candidum.
sequens ferculum fuit scriblita frigida et vinum optimum infusum
40 super mel calidum. itaque de scriblita non minimum edi. erat
etiam ursi frustum, de quo cum imprudens Scintilla gustavisset,

42   *intestina sua vomuit*   'spewed up her insides'.   *plus libram*   'more (than) a pound';
            quam is often omitted after *plus*.

44   *caseum*   'cheese'.   *cocleas et cordae frusta*   'snails and pieces of tripe'.

47   *atqui*   'but'.

49   *quater*   'four times'.

50-1   *galbino . . . inauratae*   Fortunata was wearing a yellow waist band tied high, so that a
            cerise slip (*cerasina tunica*) appeared beneath it, on her ankles twisted anklets,
            and on her feet white shoes embroidered with gold.

52   *sudario*   'on a cloth'.   *tergens*   *tergere* = to wipe.

54   *quid agis?*   'how are you?'

This figure reclines, as if at dinner, on the top of an Etruscan sarcophagus of the third century B.C., but it might almost be Trimalchio. Round his neck he wears a *corona*, in his right hand he holds a *phiala*, and on the third finger of his left he has a gold ring, while he gazes complacently on the world he has left.

paene intestina sua vomuit; ego contra plus libram comedi. nam
si ursus homines comedit, quanto magis homo debet ursum comesse.
postremo habuimis caseum mollem et ova et cocleas et cordae
45   frusta. sed narra mihi, Gai, rogo, Fortunata quare non recumbit?'
'novisti illam' inquit Trimalchio 'nisi argentum composuerit, nisi
reliquias pueris diviserit, aquam in os suum non coniciet.' 'atqui'
inquit Habinnas 'nisi illa recumbit, ego abeo.' et surrexisset, nisi
signo dato Fortunata quater a tota familia esset vocata. venit
50   ergo galbino succincta cingillo, ita ut infra cerasina appareret
tunica et periscelides tortae phaecasiaeque inauratae. tunc
sudario manus tergens, quod in collo habebat, accubuit in illo
toro, in quo Scintilla, Habinnae uxor, discumbebat, osculataque
plaudentem 'quid agis,' inquit 'carissima?'

Delectatus hac Trimalchio hilaritate maiorem poposcit phialam

1   *eo deinde perventum est*   literally 'then it was come to this, that . . .'. i.e. 'then a stage was reached where. . .'.   *armillas*   'bracelets'.

2   *crassissimis . . . lacertis*   'from her fat arms'.

4   *capsellam*   'a little box'.   *crotalia*   'ear-rings'.

5   *domini mei*   Scintilla refers to her husband as 'my lord and master'.

6   *excatarissasti*   'you've cleaned me out (of money).'

7   *fabam vitream*   'a glass bean'; he means the precious stones in the ear-rings.

9   *pro luto haberemus*   'we would consider cheap as dirt.'

10   *sauciae*   'tipsy' (literally 'wounded').

13   *aberrante . . . genua*   'as her slip flew over her knees'.

14   *rubore*   'with redness', i.e. 'blushes'.   *sudarium*   'dish-cloth'.

17   *luscinias*   'nightingales'.

19   *canora*   'singsong'.

20   quoted from Virgil, *Aeneid*, V.1.   *medium*   i.e. the middle of the sea.

21   *acidior*   'more grating'.

22   *barbare*   'barbarously'.   *Atellanicos versus*   'verses from Atelline farces'; these were a low form of comedy with stock situations and stock characters, such as Maccus, the glutton, and Pappus, the old gaffer. They were very popular in Trimalchio's time and he had a troop of performers amongst his slaves. To mix verses from these farces with Virgil would be like mixing music-hall jokes with Milton.

25   *didicit*   'went to school'.   *circulatores*   travelling salesmen who hawked their wares at markets; they can still be found in country markets in England and in Italy, where they are extremely eloquent.

26   *muliones*   'muleteers'; these were notorious for their bad language.

27   *lucernam fictilem*   'a clay lamp'; these were so shaped that they could be played like a pipe (*tibia*);   *tibicen*   'a pipe-player'.

28   *amplius semihora*   'more than half an hour'.

29   *epidipnis*   'the final course'.

30   *turdi . . . farsi*   'thrushes stuffed with raisins and nuts'. The Italians, then and now, consider such small birds a delicacy.

33   *contubernali tuae*   'your wife'.

34   *quid multa?*   'why (should I say) much?', i.e. 'to cut a long story short'.

36   *muria . . . fetentem*   'stinking of pickles and herbs'.

37   *sponsione*   'with a bet'.   *si prasinus*   'whether the green . . .'

38   *proximis circensibus*   'at the next race-meeting'; chariot races were held at regular intervals in the circus. Four teams competed under different colours–white (*albus*), red (*russatus*), green (*prasinus*), blue (*venetus*). In charge of each team were highly organized companies, which bought and trained the horses and drivers. There were large prizes in money. Most people from slaves to emperors were passionate supporters of one colour or the other, and betting was a regular feature of the races. For an admirable account, see Balsdon, pp.314 ff.

39   *contentione*   'argument'.   *amici*   vocative case

40   *lactem*   'milk'.

41   *aquam liberam*   'the water of liberty'; the opposite of the proverbial 'bread of slavery'.   *me salvo*   literally 'I being safe', i.e. 'if I live'; unintentionally ironical, since the slaves will not be free until Trimalchio is dead.

Chapter 9

Trimalchio orders his tomb

Eo deinde perventum est ut Fortunata armillas suas crassissimis
detraheret lacertis Scintillaeque miranti ostenderet. nec
melior fuit Scintilla, quae de cervice sua capsellam detraxit
auream; inde duo crotalia protulit et Fortunatae dedit ut
5   spectaret et 'domini mei beneficio' inquit 'nemo meliora
habet.' 'quid?' inquit Habinnas 'excatarissasti me, ut tibi
emerem fabam vitream. plane si filiam haberem, aures
illi praeciderem. mulieres si non essent, omnes gemmas pro
luto haberemus.'
10   interim mulieres sauciae inter se riserunt ebriaque
iunxerunt oscula. dumque sic colloquuntur, Habinnas furtim
surrexit pedesque Fortunatae correptos super lectum inmisit.
'au, au!' illa proclamavit aberrante tunica super genua. confugit
ergo in gremium Scintillae et ardentem rubore faciem sudario
15   celavit.
interim puer Alexandrinus, qui aquam calidam ministrabat,
luscinias imitari coepit; quibus auditis clamavit Trimalchio
'muta!' deinde servus, qui ad pedes Habinnae sedebat, iussus,
credo, a domino suo, proclamavit subito canora voce:
20   interea medium Aeneas iam classe tenebat.
nullus sonus unquam acidior percussit aures meas; nam non modo
barbare erravit in recitando sed etiam miscebat Atellanicos
versus, ita ut tunc primum me etiam Vergilius offenderit.
plausum tamen, cum aliquando desiisset, dedit Habinnas et
25   'numquam' inquit 'didicit, sed ego ad circulatores eum mittendo
erudiebam. itaque parem non habet, sive muliones volet imitari
sive circulatores.' nequissimus servus, sic laudatus, lucernam
fictilem de sinu protulit et amplius semihora tibicines imitatus
est. nec ullus tot malorum finis fuisset, nisi epidipnis esset
30   allata, turdi uvis passis nucibusque farsi.
iam coeperat Fortunata velle saltare, iam Scintilla frequentius
plaudebat quam loquebatur, cum Trimalchio 'permitto' inquit
'Philargure, ut discumbas; dic et contubernali tuae ut discumbat.'
quid multa? adeo totum triclinium familia occupavit ut paene de
35   lectis deiecti simus. certe ego notavi super me positum cocum,
muria condimentisque fetentem. nec contentus fuit recumbere, sed
continuo dominum suum sponsione coepit provocare 'si prasinus
proximis circensibus primam palmam laturus esset.'
gavisus hac contentione Trimalchio 'amici' inquit 'etiam servi
40   homines sunt et aeque unum lactem biberunt, etiam si illos malum
fatum oppressit. tamen, me salvo, cito aquam liberam gustabunt.

Aedificabis monumentum meum, quemadmodum te iussi?

The tomb of the baker and contractor Eurysaces outside the Porta Maggiore, Rome. The tomb is built in the shape of a huge oven. Round the top is a frieze depicting scenes from Eurysaces' trade. On the pediment of the tomb there were statues of Eurysaces and his wife. The inscription reads: EST HOC MONIMENTUM MARCI VERGILI EURYSACIS, PISTORIS, REDEMPTORIS, APPARET.

42   *ad summam*   'in fact'.   *manu mitto*   literally 'I send from my hand', the regular
           phrase for freeing a slave. It was very common for a considerate master to free
           his slaves in his will; in the end the number who might be freed in this way was
           limited by law.

44   *publicando*   *publicare* = to publish, make public.

46   *exemplar*   'a copy'.

47   *ingemiscente*   *ingemiscere* = to groan.

50   *secundum*   (prep. with acc.) = beside.   *catellam*   'a puppy'.

51   *coronas et unguenta*   'garlands and perfume', symbols of the good life.

53-4   *nobis habitandum est*   'we must live.'

55   *tribunali*   'a platform'.   *praetextatum*   'wearing the toga praetexta'; this was a toga
           with a purple fringe worn by magistrates, Trimalchio's robe of office as a *sevir*.
           anulis aureis   'gold rings'; only knights were privileged to wear gold rings;
           Trimalchio was not a knight, and in any case five gold rings seems a bit excessive.

56   *de sacculo*   'from a sack'; this refers to his munificence when he was *sevir* and gave a
           banquet to the people (*epulum*).

58   *sibi suaviter facientem*   'enjoying themselves'.

59   *columbam*   'a dove'.   *urnam . . . sculpas*   'you may carve an urn.'

60   *horologium*   'a sun-dial'.

61   *velit, nolit*   'whether he likes it or not'.

63   Trimalchio gives his full name. Originally he had been plain Trimalchio; he had first,
           apparently, been a slave to Maecenas and then to C.Pompeius. On being freed
           he assumed his master's name and added that of his first master in adjectival form.

64   *absenti*   he claims that the office of *sevir* was given him in his absence, i.e. he did not
           have to canvass for it.   *in omnibus decuriis*   'on every board in Rome';
           wisely, he does not make it clear to which board he refers.

65   *sestertium trecenties*   'thirty million sesterces'.

66   *vale: et tu:*   *vale* is addressed to the passer-by who stops to read the inscription; *et tu* is
           the answer he is imagined to make to Trimalchio.

ad summam, omnes illos in testamento meo manu mitto. Philarguro
etiam fundum lego. nam Fortunatam meam heredem facio, et commendo
illam omnibus amicis meis. et haec omnia publicando, facio ut
45 familia mea iam nunc sic me amet tamquam mortuum.'
   gratias agere omnes coeperant indulgentiae domini, cum ille exemplar
testamenti iussit afferri et totum a primo ad ultimum ingemiscente
familia recitavit. respiciens deinde ad Habinnam 'quid dicis'
inquit 'amice carissime? aedificabis monumentum meum, quemadmodum
50 te iussi? valde te rogo ut secundum pedes statuae meae catellam
ponas et coronas et unguenta, ut mihi contingat tuo beneficio
post mortem vivere. valde enim stultum est, si vivi quidem domos
pulchras aedificamus, non tamen curamus eas ubi diutius nobis
habitandum est. te rogo ut naves etiam in monumento facias plenis
55 velis euntes et me in tribunali sedentem, praetextatum cum anulis
aureis quinque et nummos in publico de sacculo effundentem; scis
enim me epulum populo dedisse. facias et totum populum sibi
suaviter facientem. ad dexteram meam ponas statuam Fortunatae
meae columbam tenentem. et urnam licet fractam sculpas, et super
60 eam puerum plorantem. horologium sit in medio ut, quisquis horas
inspiciet, velit nolit, nomen meum legat. inscriptio quoque vide
diligenter si haec satis idonea tibi videtur:
C. POMPEIUS TRIMALCHIO MAECENATIANUS HIC REQUIESCIT. HUIC SEVIRATUS
ABSENTI DECRETUS EST. CUM POSSET IN OMNIBUS DECURIIS ROMAE ESSE,
65 TAMEN NOLUIT. PIUS, FORTIS, FIDELIS, EX PARVO CREVIT, SESTERTIUM
RELIQUIT TRECENTIES, NEC UMQUAM PHILOSOPHUM AUDIVIT. VALE. ET TU.'

1   *ubertim*   'copiously, in floods'.

3   *immo*   'what is more'.

5   *sic . . . videam*   literally 'so may I see you happy', i.e. 'as I hope to see you happy'.

6   *sic calet tamquam furnus*   'it's as hot as a furnace.'   *vero, vero*   'certainly, quite right'.

7   *de una die duas facere*   'to make two days out of one' (by having a second bath and
            a second dinner).

10   *exspirabo*   'I shall expire, die.'

12   *porticum*   'colonnade'.

14   *piscinam*   literally 'a fish-pond'; here it means an ornamental pool like those found in the
            halls of most houses at Pompeii.

15   *gurgitem*   'whirlpool, gulf.'   *atriensis*   'the porter'.

16   *interveniendo*   *intervenire* = to intervene.   *in siccum*   'onto dry land'.

17   *redemerat*   'had redeemed, saved himself'.

18   *quidquid . . . de cena*   Encolpius and Ascyltos had slipped to Gito portions of each
            course, as he sat at their feet during dinner.

20   *algentes*   'shivering with cold'.   *udi*   'soaked'.

23   *quid faceremus*   'what were we to do?'

24   *ultro*   'of our own accord'.

26   *siccare*   'to dry'.

27-8   *putidissimam iactationem*   'his disgusting ostentation'.

29   *pistrinum*   'a bakery'.   *aliquando*   'once'.

30   *invitatus balnei sono*   'encouraged by the resonance of the bathroom'.   *usque ad cameram*
            'up to the ceiling'.

31   *Menecratis cantica lacerare*   'to murder some songs of Menecrates'; Menecrates was a popular
            lyre-player of the time.

32   *labrum*   'edge' (of the bath).

33   *restrictis manibus*   'with their hands tied behind (their backs)'.   *anulos*   'rings'.

34   *posito genu*   'kneeling down'.

35   *pedum extremos pollices*   'the tips of their toes'.

36   *solium*   'bath tub'.   *vaporabatur*   'was being heated'.

37   *ebrietate discussa*   'after shaking off our drunkenness'.

40   *dedecus praedicare*   'to call him a disgrace'.

41   *calicem*   'a cup'.

Chapter 10

A bath and a quarrel

Haec ut dixit Trimalchio, flere coepit ubertim. flebat et
Fortunata, flebat et Habinnas, tota denique familia, tamquam in
funus rogata, lamentatione triclinium implevit. immo iam coeperam
etiam ego plorare, cum Trimalchio 'ergo' inquit 'cum sciamus nos
5   morituros esse, quare non vivamus? sic vos felices videam, coniciamus
nos in balneum; certe non paenitebit. sic calet tamquam furnus.' 'vero,
vero' inquit Habinnas 'de una die duas facere, nihil malo' nudisque
surrexit pedibus et Trimalchionem gaudentem subsequi coepit.
    ego respiciens ad Ascylton 'quid faciendum est?' inquam 'ego
10 enim si videro balneum, statim exspirabo.' 'assentemur' ait ille
'et dum illi balneum petunt, nos in turba exeamus.' cum haec
placuissent, ducente per porticum Gitone ad ianuam venimus, ubi
canis catena vinctus tanto nos tumultu excepit ut Ascyltos etiam
in piscinam ceciderit. nec non ego quoque, dum natanti opem fero,
15 in eundem gurgitem tractus sum. servavit nos tamen atriensis,
qui interveniendo et canem placavit et nos trementes extraxit in siccum.
et Gito quidem ratione acutissima capienda iamdudum se redemerat a
cane; quidquid enim a nobis acceperat de cena, cani latranti
sparserat; at ille, ad cibum rapiendum avocatus, furorem suppress-
20 erat. ceterum cum algentes udique petissemus ab atriense ut nos
extra ianuam emitteret, 'erras' inquit 'si putas te exire hac posse
qua venisti. nemo unquam convivarum per eandem ianuam emissus est;
alia intrant, alia exeunt.' quid faceremus homines miserrimi et
novi generis labyrintho inclusi, qui lavari iam cupiebamus? ultro
25 ergo rogavimus ut nos ad balneum duceret, proiectisque vestimentis,
quae Giton in aditu siccare coepit, balneum intravimus, in quo
Trimalchio rectus stabat. at ne sic quidem putidissimam eius
iactationem licuit effugere; nam nihil melius esse dicebat quam
sine turba lavari, et eo ipso loco aliquando pistrinum fuisse.
30 deinde ut fessus consedit, invitatus balnei sono diduxit usque ad
cameram os ebrium et coepit Menecratis cantica lacerare. convivae
alii circa labrum manibus coniunctis currebant et ingenti
clamore balneum implebant. alii autem restrictis manibus anulos de
pavimento conabantur tollere aut posito genu cervices post terga
35 flectere et pedum extremos pollices tangere. nos, dum ceteri sibi ludos
faciunt, in solium, quod Trimalchioni vaporabatur, descendimus.
    ergo ebrietate discussa in aliud triclinium deducti sumus.
hic primum hilaritas nostra turbata est; namque inter Trimalchionem
Fortunatamque subito orta est rixa. Fortunata maledicere
40 Trimalchioni coepit et dedecus praedicare; postremo etiam adiecit 'canis'.
Trimalchio contra offensus convicio calicem in faciem

43   *consternata est*   'was terrified'.   *tamquam*   'as if'.

44   *sinu suo*   'with the fold of her dress', i.e. 'in her arms'.

45   *ambubaia*   'chorus girl'.   *de machina*   'from the slave market'; the *machina* was the platform where the slaves were exhibited for sale.

46   *inflat se tamquam rana*   'she blows herself up like a frog.'   *domabo*   *domare* = to tame.

48   *immo*   'no'   *immo* corrects what he has just said.

49   *basiet*   *basiare* = to kiss.

51   *peccat*   *peccare* = to sin.

52   *per genium eius*   'by his *genius* (guardian spirit)'.   *Gaium appellando*   Scintilla calls him by his first name, which would only be used by friends.

54   *ultro*   'further, any longer'.

Ascyltos etiam in piscinam cecidit

Fortunatae inmisit. illa, tamquam oculum perdidisset, exclamavit
manusque trementes ad faciem suam admovit. consternata est etiam
Scintilla trepidantemque sinu suo texit. contra Trimalchio 'quid
45 enim?' inquit 'ambubaia non meminit sed de machina illam sustuli.
at inflat se tamquam rana. sed dis iuvantibus ego te domabo. et ut
statim intellegas quid tibi feceris—Habinna, nolo statuam eius in
monumento meo ponas, ne etiam mortuus rixas habeam. immo, ut
sciat me posse malum dare, nolo me mortuum basiet.'
50   post hoc fulmen Habinnas rogare coepit ut iam desineret
irasci et 'nemo nostrum' inquit 'non peccat. homines sumus, non
dei.' idem et Scintilla flens dixit ac per genium eius Gaium
appellando rogare coepit ut Fortunatae ignosceret. non tenuit
ultro lacrimas Trimalchio sed ad Habinnam respiciens haec dixit.

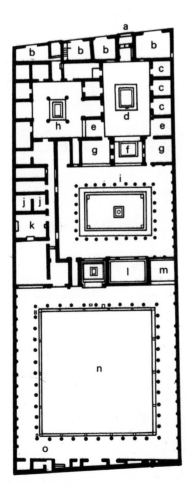

Plan of the House of the Faun

a   Entrance
b   *Tabernae*
c   *Cubicula*
d   Tuscan *atrium*
e   *Alae*
f   *Tablinum*
g   Winter and Autumn *triclinium*
h   Tetrastyle *atrium*
i   Peristyle
j   Baths
k   Kitchen
l   *Exedra* of the Mosaic of Alexander
m   Summer *triclinium*
n   Large peristyle
o   Postern (*posticum*)

1   *sic . . . fruaris*   literally 'so may you enjoy your money', i.e. 'as you hope to enjoy
        your money . . .'.

2   *inspue*   *inspuere* = to spit into.

3   *ut vobis suaviter sit*   'to enjoy yourselves'.

4   *frugalitas*   'self-denial, frugality'.

5   *candelabrum*   'lamp stand'; these were often made of bronze and would hold several
        lamps, standing four or more feet high.

6   *ad summam*   'in fact'.   *ut celerius . . . haberem*   'so that I should have a beard on
        my chin more quickly'.

7   *labra*   'lips'.   *lucerna*   'lamp'.   *unguere*   'to grease'.

8   *mihi conciliavi*   'I won over'.

9   *quid multa*   'to cut a long story short'.   *coheredem Caesari*   'coheir with Caesar',
        i.e. his master made his heirs the emperor and Trimalchio; rich men often left part
        of their fortune to the emperor in case he found a pretext for taking it all.

10   *patrimonium laticlavium*   'a senator's fortune'; senators wore a broad purple band (*latus
        clavus*) on their togas. To qualify as a senator one had to have a fortune of at least
        a million sesterces.

12   *contra aurum*   'worth its weight in gold'.

13   *naufragarunt*   'were wrecked'.

14   *trecenties sestertium*   'thirty million sesterces'.   *devoravit*   'swallowed up'.

15   *alteras*   'another lot (of ships)'.

17   *lardum*   'bacon'.   *mancipia*   'slaves'.

19   *aureos*   an *aureus* was worth 100 sesterces.

20   *fermentum*   'yeast'; i.e. this is what made my fortune grow, like yeast in bread.   *centies*
        sestertium   'ten million sesterces'.

21   *corrotundavi*   'I rounded off'.   *patroni mei*   freedmen were the clients of their former
        masters (see note on chapter 2, line 19).

22   *iumenta*   'cattle'.

23   *tamquam favus*   'like a honey comb'.

24   *manum de tabula*   '(I took) my hand from the picture'; i.e. I left off; the metaphor is
        probably taken from an artist who stops touching up a picture.

25   *faenerare*   'to lend money'. Money lending was a profitable business; the maximum
        interest allowed by law was 12 per cent. Trimalchio's freedmen acted as his agents.

26   *mathematicus*   'a mathematician', but here 'an astrologer'; the belief that the stars
        influenced human destiny was widespread in the Graeco-Roman world and
        astrologers were often consulted by all classes of men; some emperors even kept
        private astrologers. They were often, like Trimalchio's, Greeks.

28   *intestina*   n.pl.: 'insides'.   *tantum . . . dixerat*   'the only thing he didn't tell me was . . .'.

30-32   *tu parum . . . nutris*   Trimalchio here quotes the astrologer's words.

31   *latifundia*   'great estates'.

32   *tu viperam . . . nutris*   'you are nourishing a viper in your bosom' (literally 'under your
        armpit'); a reference to Fortunata?

33   *mi = mihi.*   *restare*   the astrologer's words are quoted in indirect statement.

35   *fatum meum*   'my horoscope'.   *quod si*   'but if'.   *Apuliae*   the heel of Italy.

36   *casula*   'a hovel'.

38   *porticus marmoratas*   'marble colonnades'.   *sursum cenationem*   'an upstairs
        dining-room'.

39   *viperae huius sessorium*   'this viper's sitting-room'.   *ostiarii cellam*   'porter's lodge'.

40   *hospitium*   'guest quarters'.   *capit*   'holds'.

41   *rana*   'a frog'.

Trimalchio tells his story

'Rogo te, Habinna, sic pecunia tua fruaris: si quid mali feci,
in faciem meam inspue. rixarum obliviscamur. vos rogo, amici, ut
vobis suaviter sit. nam ego quoque tam fui quam vos estis, sed
virtute mea ad hoc perveni. ad hanc fortunam frugalitas mea me
5   perduxit. tam magnus ex Asia veni quam hoc candelabrum est. ad
summam cotidie ad illud me solebam metiri, et ut celerius rostrum
barbatum haberem, labra de lucerna unguebam. tamen, quemadmodum
di volebant, tam valde dominum mihi conciliavi, ut ipse dominus
in domo factus sim. quid multa? coheredem me Caesari fecit, et
10   accepi patrimonium laticlavium. nemini tamen nihil satis est.
concupivi negotiari. quinque naves aedificavi, oneravi vinum—
et tunc erat contra aurum—misi Romam. putares me hoc iussisse:
omnes naves naufragarunt; factum, non fabula; uno die Neptunus
trecenties sestertium devoravit. putatis me defecisse? non
15   mehercule quicquam de hac iactura curavi. alteras feci maiores
et meliores et feliciores, ut nemo non me virum fortem esse
diceret. oneravi rursus vinum, lardum, mancipia. hoc loco
Fortunata rem piam fecit: omne enim aurum suum, omnia vestimenta
vendidit et mihi centum aureos in manum posuit. hoc fuit fortunae
20   meae fermentum. cito fit, quod di volunt. uno cursu centies
sestertium corrotundavi. statim redemi fundos omnes qui patroni
mei fuerant. aedifico domum; mancipia, iumenta coemo; quidquid
tangebam, crescebat tamquam favus. postquam coepi plus habere
quam tota patria mea habet, manum de tabula: sustuli me de
25   negotiatione et coepi per libertos faenerare. et nolentem me
negotium agere exhortatus est mathematicus, qui venerat forte in coloniam
nostram, Graeculus, Serapa nomine. hic mihi dixit etiam
ea quae oblitus eram; intestina mea noverat; tantum quod mihi
non dixerat, quid pridie cenavissem. putasses illum semper mecum
30   habitasse. rogo, Habinna—puto, interfuisti—'tu parum felix
in amicis es. nemo unquam tibi parem gratiam refert. tu latifundia
possides. tu viperam sub ala nutris' et, quod vobis non dicere
debeo, nunc mi restare vitae annos triginta et menses quattuor
et dies duos. praeterea cito accipiam hereditatem. hoc mihi dixit
35   fatum meum. quod si mihi contigerit fundos Apuliae iungere, satis
vivus pervenero. interim aedificavi hanc domum. ut scitis, casula
erat; nunc templum est. habet quattuor cenationes, cubicula viginti,
porticus marmoratas duas, sursum cenationem, cubiculum in quo
ipse dormio, viperae huius sessorium, ostiarii cellam optimam;
40   hospitium hospites centum capit. et multa alia sunt, quae statim vobis
ostendam. sic amicus vester, qui fuit rana, nunc est rex. interim,

In this wall painting from Ostia, the port of Rome, grain is being loaded onto a merchant ship. The captions (*tituli*) tell us that the ship was called the Isis Giminiana, the owner was Arascantus, and the captain (*magister*), who stands on the poop above the steering oars, was Farnaces.

Oneravi vinum

42   *vitalia* 'grave clothes'.   *efferri*   'to be carried out to burial'.
        unguentum   'ointment'.

43   *ossa*   'bones'. After the body had been burnt on the funeral pyre, the bones were
        collected, washed, and put in an urn.

44   *stragulam*   'a winding sheet'.   *praetextam*   'a robe'.

46   *lanis*   'wool'.   *subridens*   *subridere* = to grin.

47   *mures*   'mice'.   *tineae*   'moths'.   *alioquin*   'otherwise'.   *comburam*   'I will burn'.

48   *gloriosus*   'in splendour' (see illustration, pp. 20-1).

49   *ampullam nardi*   'a jar of nard' (a precious ointment).   *unxit*   'he anointed'.

52   *ibat res ad summam nauseam*   'things were becoming perfectly sickening.'

53   *cornicines* .   'trumpeters'.   *fultus cervicalibus*   'propped on pillows'.

55   *consonuere . . . funebrali strepitu*   'sounded the funeral march'.

57   *vigiles*   'the watchmen'

58   *securibus*   'axes'.

59   *tumultuari*   'to cause chaos'.

62   *fax*   'a torch'. The streets were not lighted; after dark walkers carried a lighted torch.

63   *promittebat . . . lumen*   '. . . gave no promise of a light from passers by'.
        accedebat huc   'added to this was . . .'.

65   *scrupos*   'flints'.

66   *explicati sumus*   'we were saved.'   *acumine*   'by the cleverness'.

67   *pilas*   'posts'.

68   *creta*   'with chalk'.   *spississimam*   'the thickest'.   *candore*   'by their brightness'.

69   *sudoris*   *sudor* = sweat.

70   *stabulum*   'lodgings'.   *anus*   'the old woman', i.e. their landlady.

71   *deversitores*   'the lodgers'.

72   *in limine*   'on the threshold', 'doorstep'.

73   *tabellarius*   'courier'. There was no postal service for the general public; rich men kept their
        own couriers.

Stiche, profer vitalia in quibus volo me efferri. profer et unguentum
quo iubeo lavari ossa mea.'

    non est moratus Stichus sed et stragulam albam et praetextam
45   in triclinium attulit; quas Trimalchio iussit nos temptare, num bonis
lanis essent confectae. tum subridens 'vide tu' inquit 'Stiche, ne ista
mures tangant aut tineae; alioquin te vivum comburam. ego
gloriosus volo efferri, ut totus mihi populus bene imprecetur.'
statim ampullam nardi aperuit omnesque unxit et 'spero' inquit
50   'fore ut hoc unguentum aeque me mortuum iuvet tamquam vivum.
putate vos ad funus meum invitatos esse.'

    ibat res ad summam nauseam, cum Trimalchio ebrietate turpissima
gravis cornicines in triclinium iussit adduci, fultusque cervicalibus
multis extendit se super torum et 'fingite me' inquit 'mortuum esse.
55   dicite aliquid belli.' consonuere cornicines funebrali strepitu. unus
praecipue tam valde insonuit ut totam concitaret viciniam. itaque
vigiles, qui custodiebant vicinam regionem, rati ardere Trimalchionis
domum, effregerunt ianuam subito et cum aqua securibusque
tumultuari coeperunt. nos occasionem nacti tam celeriter fugimus
60   quam ex vero incendio.

    sed ne sic quidem licuit facile domum regredi. neque enim fax
erat quae iter aperiret nobis errantibus nec silentium noctis iam
mediae promittebat occurrentium lumen. accedebat huc ebrietas
nostra et imprudentia locorum etiam interdiu obscurorum. itaque
65   cum horam paene totam per omnes scrupos traxissemus cruentos
pedes, tandem explicati sumus acumine Gitonis. prudens enim, cum
luce etiam clara timeret ne erraret, omnes pilas columnasque
notaverat creta; quae notae evicerunt spississimam noctem et candore
suo ostenderunt errantibus viam. non minus tamen sudoris habuimus
70   etiam postquam ad stabulum pervenimus. anus enim, cum diutius
inter deversitores bibisset, alte dormiebat nec sensisset si totum
stabulum arsisset. et forsitan noctem egissemus in limine, nisi
tabellarius Trimalchionis intervenisset. non diu ergo tumultuatus
stabuli ianuam effregit. sic admissi nos tandem in lecta coniecimus
75   et defessi requievimus.

                                   FINIS

Omnes naves naufragarunt

Practice sentences and exercises in translation

Chapter 1

1. What were Encolpius and his friends doing when they received the invitation to dinner? Who brought the invitation?
2. Describe the game which Trimalchio was playing at the baths.
3. When Encolpius was in the hall of Trimalchio's house, what made him fall down?
4. What do you learn from this chapter about Trimalchio's age, appearance, and character?
5. What do you learn about his earlier career?

a Relative clauses

1. Coepimus deliberare de malis quae nobis imminebant.
2. Subito servus, quem Agamemnon miserat, intravit.
3. Trimalchio, apud quem cenabitis, lautissimus est homo.
4. Cena ad quam ille nos vocat optima erit.
5. In balneis senem vidimus, cui servus pilas iterum atque iterum dabat.
6. Trimalchio nullam pilam, quae terram tetigerat, repetebat.
7. Is quem in balneis vidisti Trimalchio fuit.
8. Pilas, quae in terra iacebant, tollere nolebat.
9. Non videre possum eum in cuius capite Trimalchio digitos tersit (*wiped*).
10. Totum parietem inspicere coepi, in quo multae erant picturae.
11. Is quem Fortuna amat multas habebit divitias.
12. Ei quibus loquebar Trimalchionem laudabant.
13. In triclinium ire volui quod non procul aberat.
14. Pica (*magpie*), quae super limen erat, intrantes salutare didicerat.
15. Ei quos pica salutabat maxime mirabantur.

b Direct questions

1. Quid dixit servus? quis nos ad cenam invitavit? quo ire debemus?
2. Nonne vultis vestes induere et venire ad balnea?
3. Illumne senem vides, qui pila ludit? num is est apud quem cenabimus?
4. Cur non pilam quae ad terram cecidit repetit? quot pilas habet servus?
5. Nonne canem, qui in pariete pictus est, videtis? num eum timetis?
6. Unde Trimalchio Romam venit? quomodo dispensator factus est?
7. Hodiene domi cenat Trimalchio? quando foris (*out*) cenat?
8. Utrum multas picturas habetis an paucas?
9. Utrum picturas inspicere vultis an triclinium intrare?
10. Quid scriptum est in ianuae poste? potesne inscriptionem legere annon?

c Direct commands and prohibitions

1. Venite ad cenam quae a Trimalchione parata est. nolite morari.
2. Obliviscimini malorum, amici. vestes celeriter induite.
3. Sequere nos ad balnea, Giton. noli domi manere.
4. Aspice illum senem, qui pila ludit. salutemus eum.

5   Da mihi aliam pilam. noli eam repetere quae ad terram cecidit.
6   Iam ad Trimalchionis aedes eamus sed cavete canem.
7   Noli canem timere pictum. fortis esto.
8   Ne rideamus Encolpium, qui paene crura fregit.
9   Iam triclinium intremus; ne diutius in atrio moremur.
10   Malorum obliviscamur neve maesti domi sedeamus.

Hodie ad cenam invitati sumus a Trimalchione. vestimenta igitur induimus atque ad balnea ivimus. ubi eo advenimus multos vidimus qui aut lavabantur aut se exercebant. inter quos senem conspeximus qui inter pueros ludebat pila. subito accurrit amicus quidam, qui 'hic est' inquit 'apud quem cenabitis. nolite abire. aspicite eum dum ludit.' mox senex, qui ludum finiverat, se lavit; deinde vestitus est et in lecticam impositus. dum ille aufertur, nos ad aedes secuti sumus. quo ubi pervenimus, multa vidimus quae mirati sumus. ego, qui omnia inspicere coeperam, paene cecidi et crura mea fregi. canem enim subito conspexi quem maxime timui. comites tamen mei riserunt; canis enim in pariete (*wall*) pictus est, super quem magnis litteris scriptum est: **CAVE CANEM**.

Chapter 2

1   What did Encolpius see on the posts of the dining-room door? Why did it surprise him?
2   What happened when Encolpius and Ascyltos first tried to enter the dining-room? What happened the second time they tried?
3   Why was the slave going to be punished? How did Encolpius and Ascyltos get him off?
4   What did the Romans mean by a 'pantomime'? Why is the scene in the dining-room compared to a 'pantomime'?
5   What sort of man was the steward? Tell the story of the loss of the clothes as it might have been told by (a) the steward (b) the slave.

a Indirect commands

1   Puer nobis imperat ut dextro pede intremus.
2   Servus eos rogat ut se poenae eripiant.
3   Dispensatorem precabimur ne servum puniat.
4   Servum roga ut potionem nobis afferat neve cantet.
5   Dispensator servo imperavit ut vestimenta diligenter curaret.
6   Dispensator servum iussit vestimenta diligenter curare.
7   Dispensator servo imperaverat ne officium neglegeret.
8   Dispensator servum vetuerat officium neglegere.
9   Servus nos precabatur ut se poenae eriperemus neve puniri sineremus.
10 Servo diximus ne maestus esset neve poenam timeret.

b Final clauses

1   Dispensator in atrio sedet ut aureos numeret.
2   Servus vestimenta servat ne quis ea tollat.
3   Triclinium intrabimus ut cenemus.
4   Convivae trepidabant ne quis limen contra praeceptum transiret.
5   Curaverunt ut pariter dextros gressus moverent neve sinistro pede limen transirent.
6   Eo consilio in atrium rediimus, ut dispensatorem rogaremus ut servo poenam remitteret.
7   Agamemnon servum misit qui nos ad cenam invitaret.
8   Trimalchio libellum (*notice*) in poste fixerat quem omnes legerent.
9   Non domi cenamus sed apud Trimalchionem quo meliorem cenam habeamus.
10 Omnes pueri cantabant quo laetiores essent convivae.

c Verbs of fearing

1   Timeo ne contra praeceptum limen transeam.
2   Convivae timebant ne contra praeceptum limen transirent.
3   Servus veritus est ne puniretur.
4   Servus timebat ne dispensator non sibi ignosceret.
5. Convivae timent ne dispensatorem in atrio non inveniant.

6   Timeo triclinium intrare, ne contra praeceptum limen transeam.
7   Servus timebat Trimalchionem ipsum precari.
8   Encolpius non timuit dispensatorem rogare ut servo poenam remitteret.

Ubi atrium inspeximus, triclinium intrare conabamur; sed servus nobis occurrit
et procubuit ad pedes nostros. nos maxime mirati sumus; ille autem rogare coepit
ut se poenae eriperemus. 'nec magnum' inquit 'fuit peccatum (*crime*) meum, propter
quod in periculo sum. vestimenta enim dispensatoris, quae in balneis servabam,
perdidi; sine dubio aliquis ea subduxit.' quae ubi audivimus, rediimus ut dispensatorem inveniremus. ille aureos in atrio numerabat; accessimus igitur et eum precati
sumus ne servum puniret. superbus ille sustulit vultum et 'non tam iactura
vestimentorum' inquit 'me movet quam neglegentia pessimi servi. vestimenta enim
mea cubitoria perdidit, quae mihi cliens quidam donaverat. non igitur poenam ei
remittam.' nos autem iterum eum precati sumus ut poenam remitteret et tandem
ei persuasimus ut servo ignosceret. gratias igitur ei egimus pro tanta benignitate
et in triclinium rediimus.

Chapter 3

1   What happened when the silver dish fell onto the floor?
2   What do you hear in this chapter about Trimalchio's wife?
3   What was special about the wine brought in during this chapter? How does Trimalchio make it clear that he is doing the guests a great favour by giving them this wine?
4   Describe the skeleton. What did Trimalchio do with the skeleton? Why do you suppose he had it brought in?
5   Give an account of the 'boar hunt'.
6   What happened when the 'huntsman' cut open the belly of the boar?
7   How does Trimalchio try to impress on his guests that he is both generous and cultured? How do his efforts misfire?

a   cum = *when*

1   Cum omnes iam discubuissent, ipse Trimalchio triclinium intravit.
2   Cum convivae biberent, signum subito symphonia datum est.
3   Cum clamorem ingentem audivissemus, canes in triclinium incurrerunt.
4   Convivae, cum canes circum mensam discurrerent, valde timebant.
5   Cum Orcus nos abstulerit, omnes larvae erimus.
6   Cum apud Trimalchionem cenamus, optimam cenam habemus.
7   Cum aedes Trimalchionis videris, maxime miraberis.
8   Omnes iam discubuerant, cum ipse Trimalchio intravit.
9   Convivae sapientiam Trimalchionis laudabant, cum servi advenerunt.
10   Aves, cum e ventre apri evolavissent, celeriter exceptae sunt.

b   cum = *since/although*

1   Trimalchio, cum lusum nondum finiisset, noluit in triclinium ire.
2   Cum canes ingentem clamorem tollant, convivae valde timent.
3   Cum Trimalchio nondum in triclinium venisset, convivae tamen iam esse coeperunt.
4   Cum Trimalchio lusum non finiiset, tamen in triclinium ivit, ne convivas diutius moraretur.

c   Present participle

1   Trimalchionem puer sequebatur tabulam portans.
2   Puer paropsidem (*dish*) in terra iacentem tollere coepit.
3   Canes circum mensam discurrentes convivas terrebant.
4   Mihi haec roganti Agamemnon respondit.
5   Nobis titulos (*labels*) perlegentibus, Trimalchio 'diutius' inquit 'vivit vinum quam homo.'
6   Trimalchio puero paropsidem tollenti imperavit ut rursus proiceret.
7   Convivis bibentibus signum symphonia datum est.
8   Nobis mirantibus aper maximus in repositorio (*dish*) iacens allatus est.
9   Servo latus apri percutiente aves evolaverunt.

10   Hoc vinum factum est Opimio consule.
11   Multum bibimus auctore (*adviser*) Trimalchione.
12   Agamemnone duce ad aedes Trimalchionis advenimus.
(**N.B. esse** has no present participle; see nos. 10–12)

Convivis iam cenantibus, ipse Trimalchio in triclinium allatus est. cum lecto accubuisset, convivas arridens, 'amici' inquit 'nondum volui in triclinium venire, sed ne diutius vos morarer, omnem voluptatem mihi negavi. rogo tamen ut mihi permittatis ut lusum finiam.' cum Trimalchio lusum finiisset, subito signum datum est symphonia et gustatoria (*hors d'oeuvre*) a servis rapta sunt. sed inter tumultum cum forte paropsis (*dish*) excidisset, puer eam iacentem sustulit. quod cum Trimalchio animadvertisset, puerum laudavit et imperavit ut paropsis ei daretur. nobis humanitatem eius laudantibus, 'nolite' inquit 'mirari, amici. servis bene merentibus semper praemia dono. vos autem quid facitis? quare non bibitis? optimum vobis praestiti vinum. ergo libere bibamus.'

Chapter 4

1 How does Dama keep himself warm?
2 What are Seleucus' views on doctors and women?
3 Why is Ganymedes so angry with the aediles? What does he consider to be the cause of the colony's troubles?
4 Why does Echion think the gladiatorial show will be a very good one?
5 What were the hobbies of Echion's little son?
6 What do you learn from Echion's remarks about Roman education? What does he consider the purpose of education? Do you agree with him?
7 Write a criticism of modern life such as Ganymedes might make if he were alive today.
8 Write a short character sketch of each of the five speakers based on what they say in this chapter.

a Past participles of active verbs

1 Trimalchio in lecticam (*litter*) impositus domum ablatus est.
2 Vestimenta a servo perdita vix fuerunt decem sestertiorum.
3 Convivae sine Trimalchione relicti colloqui coeperunt.
4 Seleucus Chrysanthum malo fato perditum plorabat (*lament*).
5 Ganymedes panem inventum celeriter edit.
6 Ganymedes ab Echione interpellatus (*interrupt*) tacebat.
7 Filius plurimos nummos a patre relictos perdidit.
8 Dama potione rogata loqui coepit.
9 Omnes opertis oculis bona sua computant.
10 Cives optimo munere viso gaudebant.
11 Puer avibus a patre occisis maestissimus erat.
12 His dictis Echion Agamemnoni persuasit ut ad villam suam veniret.

b Past participles of deponent verbs

1 Convivae diu in atrio morati triclinium intraverunt.
2 Convivas in atrium ingressos pica (*magpie*) salutabat.
3 Convivae libertatem nacti colloqui coeperunt.
4 Chrysanthum mortuum uxor maligne plorabat.
5 Ganymedem multa questum Echion interpellavit.
6 Haec locutus Echion Agamemnoni persuasit ut ad villam suam veniret.
7 Avibus mortuis puer maestissimus erat.
8 Echione haec locuto Trimalchio in triclinium rediit.
9 Echionem haec locutum Agamemnon deridebat.
10 Echionis filius artificium discere conatus ad litteras rediit.

c Future participles

1 Chrysanthus, qui modo me salutavit, moriturus erat.
2 Cives optimum munus paucis diebus visuri gaudebant.

3   Gladiatores in arenam ingressi 'morituri te salutamus' inquiunt.
4   Quid futurum est, si haec annona perseverabit?
5   Mihi uxor numquam futura est, nam mulieres sunt pessimum genus.
6   Trimalchio triclinio discessurus convivas libere bibere iussit.
7   Ganymedem plura locuturum interpellavit Echion.
8   Vino in caput meum abituro plus bibere nolui.
9   Convivis limen transituris servus 'dextro pede' exclamavit.
10   Agamemnoni domum redituro Echion persuasit ut ad villam suam veniret.
11   Servus, precaturus ut poenae se eriperemus, ad pedes nostros procubuit.
12   Matronis ad templum ituris subito urceatim pluebat.

Cum Trimalchio triclinio discessisset, convivae inter se colloqui coeperunt. Dama primus, potione rogata, 'dies' inquit 'nihil est. dum versas te, nox fit. itaque nihil est melius quam de cubiculo recta in triclinium ire.' quibus auditis Echion 'noli' inquit 'nugas (*rubbish*) narrare. meliora loquamur. quid sentitis, amici, de spectaculo quod cras visuri sumus? aedilis noster sine dubio munus daturus est optimum. plurimos gladiatores praestabit, qui non fugere poterunt sed in medio pugnabunt, ut spectatores videant.' haec locutus ad Agamemnona versus est et 'quare' inquit 'tu rides, Agamemnon? non quidem es nostri generis sed non est cur pauperum verba derideas.' Agamemnon autem, his verbis commotus, 'ego' inquit 'tua verba non derideo. gaudeo quod tecum ceno et omnia cupio quae vis.' cui Echion, aliquid placatus, 'aliqua die' inquit 'tibi persuadere potero ut ad villam nostram venias? inveniemus quod edamus. et tibi discipulus crescit filius meus. ingeniosus est et, si vixerit, habebis bonum discipulum.'

Chapter 5

1   Why had Trimalchio left the dining-room? What did the guests think of his manners?
2   When the three pigs were brought in, what did Encolpius think they were going to do?
     Why had they in fact been brought in?
3   Where did Trimalchio's most delicious wine come from?
4   Why did Trimalchio want to add Sicily to his property?
5   What did Trimalchio ask Agamemnon to tell him? Explain what this meant.
6   Had the cook really forgotten to gut the pig? How do you know that Encolpius
     was taken in?
7   Give three examples of how Trimalchio shows off to his guests in this chapter. At
     what points do you suppose he is lying?

Indirect statement

1   Trimalchio dicit se aegrum esse.
2   Trimalchio negat medicos se iuvare posse.
3.   Dicit se iam aliquid recreatum esse.
4.   Dixit se scire multos sic periisse.
5.   Putabam nos iam ad mediam cenam advenisse.
6   Vidi tres albos sues in triclinium adductos esse.
7   Putabam porcos portenta (*tricks*) aliqua facturos esse.
8   Encolpius nescivit se unum e porcis mox esurum esse.
9   Cocus dixit se non domi natum esse sed testamento Pansae Trimalchioni relictum.
10   Trimalchio dixit vinum mutatum iri.
11   Trimalchio negavit se quicquam emere.
12   Negavit se illud praedium adhuc vidisse.
13   Diximus nos Trimalchionis sapientiam admirari.
14   Cocus dixit se oblitum esse porcum exinterare.
15   Promisit se numquam postea id facturum esse.
16   Putabam servum nequissimum punitum iri.
17   Cum cocus ventrem porci secuisset, vidimus tomacula (*sausages*) effundi.
18   Speramus nos iterum apud Trimalchionem cenaturos.
19   Seleucus dixit se non cotidie lavari; balneum enim corpus dilacerare; aquam dentes
     habere. neque se eo die lavari potuisse; ivisse enim ad funus. Chrysanthum enim
     mortuum esse.
20   Echion dixit filium suum iam quattuor partes dicere; si vixisset, bonum discipulum
     Agamemnoni fore. ingeniosum esse, etiam si in aves morbosus esset. se iam tres aves
     occidisse et dixisse mustellam (*weasel*) eos comedisse. alias tamen nenias (*nonsense*)
     eum invenisse et libentissime pingere.

     Convivae inter se colloquebantur cum Trimalchio in triclinium rediit. cum lecto
accubuisset, convivas rogavit ut sibi ignoscerent; dixit enim se multis iam diebus
aegrum esse, neque medicos se iuvare posse; sed iam aliquid recreatum esse. convivis
bibentibus tres albi sues in triclinium adducti sunt. ego putabam eos portenta (*tricks*)

facturos esse. Trimalchio tamen, cum cocum vocari iussisset, imperavit ut maximus
e porcis in cenam statim necaretur. Trimalchio cum Agamemnone non diu collocutus
erat, cum repositorium (*dish*) ingens allatum est in quo iacebat porcus. nobis
celeritatem mirantibus, Trimalchio porcum intuebatur. tum 'quid? quid?' inquit
'porcus hic non est exinteratus? non mehercule est. voca, voca cocum.' cum
constitisset ad mensam cocus tristis et diceret se oblitum esse porcum exinterare,
Trimalchio 'quid? oblitus?' inquit 'nequissimus es servus, qui debes centum plagas
(*lashes*) accipere. sed quia tam malae memoriae es, palam nobis illum exintera.'

Chapter 6

1 On what grounds does Trimalchio claim to be the only man to own real Corinthian bronze?
2 How, according to Trimalchio, was Corinthian bronze first made?
3 Tell in your own words the story of the craftsman who invented unbreakable glass.
4 Why did Trimalchio not dance?
5 What tricks did the acrobats perform? Did the guests enjoy the performance?
6 What did Trimalchio do to the boy who fell on his arm?
7 How does Trimalchio give away his lack of education and good taste in this chapter?

Indirect questions

1 Agamemnon quaerit quare solus Trimalchio vera Corinthia possideat.
2 Nescit quis illam lancem (*dish*) fecerit.
3 Agamemnon miratur quid dicturus sit Trimalchio.
4 Agamemnon quaesivit quare solus Trimalchio vera Corinthia possideret.
5 Nescivit quis illam lancem fecisset.
6 Agamemnon mirabatur quid dicturus esset Trimalchio.
7 Trimalchio valde bene scit unde nata sint Corinthia.
8 Faber Caesarem rogavit num novum genus phialae videre vellet.
9 Caesar mirabatur cur faber phialam in pavimentum proiecisset.
10 Nescio utrum faber phialam fracturus sit necne.
11 Caesar rogavit num quis alius sciret quomodo phiala illa facta esset.
12 Omnes viderunt quam ebrius iam esset Trimalchio.
13 Nemo convivarum rogavit quando Fortunata saltatura esset.
14 Ego iam oblitus eram quantum vini bibissem.
15 Videtisne quam alte ascenderit puer? timeo ne delabatur.
16 Omnes quaerebant utrum Trimalchio puerum puniturus esset an remissurus.
17 Convivae dubitabant num graviter vulneratus esset Trimalchio.
18 Ego memineram quid accidisset cum cocus ille porcum exinterare oblitus esset.
19 Me rogavi num quid ridiculi ex illis precibus quaereretur.
20 Nescio quare taceas nec quicquam dicas.

Ipse Trimalchio putabat se miram sapientiam praebere; dixit enim se duas bibliothecas habere, unam Graecam, alteram Latinam; non enim studia contemnere sed litteras didicisse. mox autem convivae cognoverunt quam stultus esset et ignarus. dixit enim Hannibalem Ilium cepisse, quod omnes sciunt re vera a Graecis captum esse, cum decem annos urbem duce Agamemnone obsedissent (*besiege*). neque vero scire videtur quomodo cives Romani se gerere (*behave*) debeant; voluit enim in medium prodire ut saltaret. et cum petauristarii portenta aliqua insulsa facerent, solus Trimalchio ea mirabatur; negavit enim se quicquam libentius spectare quam petauristarios. omnes tamen scimus quis sit et unde venerit; servus enim fuerat qui ex Asia venit neque unquam litteras didicit. semper tamen se iactat (*boast*) et doctus videri vult.

Chapter 7

1 Why did Niceros love Melissa?
2 When Melissa's husband died, how did Niceros have the chance of going to see her?
3 Describe what happened when Niceros and the soldier reached the cemetery.
4 When Niceros arrived at the farm, what news did Melissa have for him? How did he react to this news?
5 What did Niceros find when he got home?
6 How did Trimalchio and the guests react to Niceros' story? Does it have the same affect on you?
7 Tell Trimalchio's horror story in your own words.
8 Do you find any likenesses between these two stories and modern horror films about werewolves, vampires, or witches?
9 *fortis tamquam Orcus* (1.18): find the other expressions of this pattern which occur in Niceros' story. Such comparisons are characteristic of 'colloquial' Latin, i.e. the spoken language of the ordinary Roman. What other phrases in this chapter might belong to 'colloquial' Latin?

Conditional clauses

a Open conditions

1 Si quid a Melissa petii, numquam mihi negavit.
2 Melissa, si fecit assem, semissem mihi dedit.
3 Si Dama multum bibit, vinum in caput eius abit.
4 Dic mihi, si me amas, quid hodie factum sit.
5 Si quis servorum sine domini iussu exierit, centum plagas accipiet.
6 Si ad villam nostram veneris, inveniemus quod edamus.
7 Si puer vixerit, Agamemnon habebit bonum discipulum.
8 Nisi domum recta redieris, strigae te capient.
9 Si mentior, genium tuum iratum habeam.
10 Peream, nisi te amo propter ingenium tuum.

b Remote or impossible conditions

1 Ipse vobis, si velitis, rem horribilem narrare possim.
2 Si taceatis, omnia audiatis.
3 Si ad villam nostram venias, optimam cenam tibi praestemus.
4 Si miles lupus fiat, ego timore moriar.
5 Vitrea (*glassware*), si non frangerentur, mallem mihi quam aurum.
6 Nisi luna luceret, viam videre non possemus.
7 Si antea venisses, nos adiuvisses.
8 Servus lupum occidisset, nisi celeriter aufugisset.
9 Si Melissa non pulchra fuisset, nihilominus (*all the same*) eam amavissem.
10 Nisi miles lancea vulneratus esset, non iam in lecto iaceret.
11 Si prima luce profectus esset, iam adesset.
12 Sive domi moratus esset sive statim profectus esset, sero advenisset.

c *Potential subjunctive (in these sentences the 'if' clause is not expressed. Present and
and perfect subjunctive refer to future time; pluperfect and imperfect (usually) refer
to past time)*

1   Velim tibi dicere quid factum sit apud Trimalchionem.
2   Velisne cenare apud Trimalchionem? ego malim domi cenare.
3   Non possim omnia tibi dicere quae facta sunt.
4   Mulieres sunt pessimum genus; non facile invenias bonam mulierem.
5   Dixerit aliquis 'cur uxorem duxisti (*marry*)?'
6   Trimalchio saltare voluit; crederes eum ebrium esse.
7   Strigae stridebant; putares canem leporem persequi.
8   Puer de scalis (*ladder*) cecidit sed nihil curaverunt convivae; etiam cervices eius
fractas libenter vidissent.
9   Hic cocus debet esse nequissimus; nemo oblitus esset porcum exinterare.
10   Nolim cum versipelle ambulare; timore moriar.

Niceros audiverat Melissae contubernalem ad villam mortuum esse. voluit igitur
ad Melissam adire ut eam adiuvaret. cum forte dominus eius Capuam exiisset ut
negotium quoddam expediret, Niceros nactus occasionem militi cuidam persuasit ut
secum veniret. itaque media nocte profecti sunt. cum inter monumenta venissent,
miles coepit ad stelam (*gravestone*) facere. tum omnia vestimenta exuta secundum
viam posuit. quo facto subito lupus factus est. ululare coepit atque in silvam fugit.
Niceros autem perterritus stabat tamquam mortuus. deinde gladio stricto ad villam
properavit. quo cum venisset, Melissa eum rogavit cur tam sero ambularet; 'si antea
venisses' inquit 'nos adiuvisses; lupus enim villam intravit et omnia pecora oppugnavit.
servus tamen noster lancea rapta collum lupi traiecit. interfecisset eum, nisi
aufugisset.' quo audito Niceros domum clara luce fugit, ubi militem invenit in lecto
iacentem dum medicus collum eius curabat. intellexit igitur Niceros militem
versipellem esse nec postea panem cum illo gustare potuit.

Chapter 9

1   What did the guests beg the witches to do?
2   How do you know that by now Encolpius was pretty drunk?
3   What did Trimalchio say about Scylax and why did it annoy Croesus so much? Describe the scene which followed.
4   Why was Encolpius so alarmed by the entrance of Habinnas? What was Habinnas' profession and official position?
5   How did Scintilla and Habinnas enjoy bear meat?
6   Why was Fortunata not dining with the party?
7   How was Fortunata dressed?
8   What do you learn from this chapter about the character of Habinnas?

a   Consecutive clauses

1   Encolpius iam tantum biberat ut ebrius esset.
2   Canis tam ingens erat ut vix retineri posset.
3   Adeo timebam ut surgere conarer.
4   Puer tam iratus erat ut catellam in terram posuerit.
5   Canes tam saeve rixabantur ut candelabrum everterint.
6   Habinnas tam ebrius erat ut stare non posset.
7   Tam malae memoriae sum ut nomen meum saepe obliviscar.
8   Tot fercula (*courses*) in cena habuimus ut nemo omnia ederit.
9   Fortunata ita vestita erat ut omnes admirarentur.
10 Convivae tantum biberunt ut cras aegri futuri sint.

b   Conditionals

1   Si Scylacem vidisses, valde timuisses.
2   Si Scylacem laudaveris, puer irascetur.
3   Nisi Scylax retentus esset, catellam laceravisset.
4   Si quis bibere noluerit, Trimalchio vinum in caput ei perfundet.
5   Si Habinnam vidisses, putavisses eum praetorem esse.
6   Nisi Agamemnon me prohibuisset, ego surrexissem.
7   Si praetor in triclinium intret, omnes surgant.
8   Si ursus homines comedit, quanto magis homo debet esse ursum.
9   Nisi Fortunata discubuerit, ego abibo.
10 Si Fortunata adesset, ego non iam abirem.

c   Wishes

1   (Utinam) felix sis.
2   Utinam Fortunata adesset.
3   Utinam ne tantum vini bibissem.
4   Utinam apud Trimalchionem cenaremus.
5   Utinam ne libram ursi edissem.
6   Peream, nisi Melissam amo.

7   Genios vestros iratos habeam, si mentior.

8   Utinam domi mansissem.

Cum Habinnas intravisset, Encolpius maiestate eius adeo perterritus erat ut surgere conaretur. sed Agamemnon risit eum trepidantem et iussit se continere: non enim praetorem intravisse sed Habinnam, lapidarium, qui monumenta optime faceret. Encolpius igitur recubuit et Habinnam cum ingenti admiratione spectabat. ille autem, cum se posuisset, continuo vinum et calidam aquam poposcit. Trimalchio, hilaritate amici delectatus, eum rogavit quomodo acceptus esset et quid habuisset in cenam. Habinnas respondit se optime acceptum esse et omnia narrare coepit quae in cenam habuerat. deinde, cum sensisset Fortunatam non adesse, quaesiit quare illa non recumberet. cum Trimalchio respondisset eam argentum componere et reliquias pueris dividere, Habinnas 'nisi illa recubuerit' inquit 'ego abibo.' et surrexisset, nisi signo dato Fortunata quater a tota familia esset vocata. venit igitur ita vestita ut omnes convivae valde mirarentur, et accubuit in illo toro, in quo Scintilla, Habinnae uxor, discumbebat.

1 While Fortunata and Scintilla were gossiping, what did Habinnas do?
2 Why did Encolpius so much dislike the recitation from Virgil?
3 How had Habinnas educated his slave?
4 When the slaves were invited to take a seat, who sat next to Encolpius and what did he immediately do?
5 Give a brief account of Roman chariot races.
6 What attitude to slaves does Trimalchio show in this chapter? Is it consistent with his behaviour elsewhere in the book?
7 Draw a picture of Trimalchio's tomb.
8 What light is thrown on Trimalchio's character by the items he wants to be represented on his tomb and by the epitaph he wrote for himself?

a Gerunds

1 Puer ad recitandum surrexit.
2 Ille versus male recitando aures meas offendit.
3 Puer artem legendi non didicerat.
4 Dominus meus Capuam exierat ad servos emendum.
5 Ego occasionem Melissae subveniendi habui.
6 Nocte proficiscendo speravi me prima luce ad villam perventurum esse.
7 Ubi miles lupus factus est, ego accessi vestimenta eius tollendi causa.
8 Lupus villam intravit pecora caedendi causa.
9 Servus lanceam arripuit ad eum oppugnandum.
10 Servus lupum graviter vulneravit collum traiciendo.
11 Trimalchio rem horribilem narravit convivas terrendi causa.
12 Nemo nostrum domum nocte redeundi cupidus erat.
13 Ego talia audiendi non cupidus sum.
14 Pulchrum monumentum faciendo curamus ut post mortem vivamus.
15 Viator constitit ad horologium inspiciendum.

b Impersonal verbs

1 Ad aedes Trimalchionis cito perventum est.
2 Cum Croesus catellam in terram posuisset, diu et ferociter pugnatum est.
3 Agamemnoni persuasum est ut ad villam Echionis veniret.
4 Trimalchioni, qui saepe mentiebatur, non creditum est.
5 Non decet virum gravem saltare.
6 Trimalchionem iuvit saltare.
7 Non eum oportuit tantum vini bibere.
8 Trimalchionis morum Fortunatam puduit.
9 Non licuit sinistro pede limen transire.
10 Licet triclinium intres.
11 Mihi contigit apud Trimalchionem cenare.
12 Accidit ut puer de scalis (*ladder*) delapsus sit.

13   Agamemnoni placuit ad villam Echionis ire.
14   Habinnas surrexisset nisi Fortunatae placuisset recumbere.
15   Sero est; nos oportet domum redire.

Eo denique perventum est ut omnes ebrii fierent. neque Habinnas nec
Trimalchio diutius sciebant quid facerent sed summa levitate se gerebant. Habinnas
quidem dum Fortunata Scintillaque inter se colloquuntur, furtim adiit et pedes
Fortunatae correptos super lectum inmisit, ita ut tunica eius super genua aberraverit.
Trimalchio autem subito omnibus servis permisit ut discumberent. totum igitur
triclinium familia adeo occupavit ut convivae paene de lectis deiecti sint. cocus
quidem non contentus fuit recumbere sed continuo dominum suum sponsione
(*a bet*) coepit provocare. hoc faciendo Trimalchionem non modo non irritavit sed
etiam delectavit, qui multa dicere coepit demonstrandi causa quam benigne servis
suis uteretur (*treat*). deinde exemplar testamenti afferri iussit, quod totum
recitavit ingemiscente familia. postremo Habinnam rogavit num monumentum suum,
quemadmodum iussisset, aedificaturus esset. monumentum accurate (*in detail*)
descripsit inscriptionemque recitando, quam ipse sibi scripserat, animos omnium
offendit, qui talia audiendi non cupidi erant.

Chapter 10

1 How did Encolpius and Ascyltos plan to avoid taking a bath?
2 What happened to Ascyltos when they reached the door?
3 How were Encolpius and Ascyltos rescued, and how did Gito save himself from the dog?
4 Why would the doorkeeper not let them out?
5 When they met Trimalchio in the baths, how did he boast?
6 How were the guests amusing themselves in the baths?
7 What provoked Trimalchio to throw a cup at Fortunata?
8 How did Trimalchio propose to 'tame' her?
9 Examine the language Petronius uses in describing the incident of falling into the *piscina* and show how he exaggerates the incident. What is his purpose in doing this?

a Gerundives

1 Puer surrexit ad versus recitandos.
2 Ille versibus male recitandis aures meas offendit.
3 Dominus meus Capuam exierat ad servos emendos.
4 Servus lupum graviter vulneravit collo traiciendo.
5 Pulchro monumento faciendo curamus ut post mortem vivamus.
6 Trimalchio servum misit ad testamenti exemplar afferendum.
7 Testamento publicando facio ut familia me iam nunc amet.
8 Viator constitit ad inscriptionem legendam.
9 In piscinam me inmisi opis ferendae causa.
10 Gito cibum sparserat canis placandi causa.

b Gerundives of obligation

1 Melissa mihi adiuvanda fuit.
2 Cum lupus villam intravisset, servo lancea arripienda erat qua lupum occideret.
3 Monumentum tibi aedificandum erit quemadmodum te iussi.
4 Naves in monumento faciendae sunt plenis velis euntes.
5 Ad dexteram meam ponenda est statua Fortunatae meae.
6 Ad villam nostram aliquando vobis veniendum erit.
7 Convivis surgendum fuit et ad balnea eundum.
8 Alia ianua convivis intrandum est, alia exeundum.
9 Agamemnoni ab Echione persuadendum fuit ut ad villam veniret.
10 Fortunatae a Trimalchione ignoscendum erat.

c Deliberative subjunctive

1 Quid faciamus novi generis labyrintho inclusi?
2 Quid facerent novi generis labyrintho inclusi?
3 Nesciebant quid facerent novi generis labyrintho inclusi.
4 Ad cenam a Trimalchione invitatus, quid diceret Encolpius?
5 Habinna triclinium intrante rogavi quid facerem.

Cum Trimalchio convivas ad balneum ducturus esset lavandi causa, Encolpius nescivit quid sibi faciendum esset. noluit enim, cum tantum et edisset et bibisset, lavari. placuit igitur ut, dum reliqui convivae balneum petunt, ipse cum Ascylto in turba effugeret. profecti autem ad ianuam petendam, cum ad atrium venissent, tanto tumultu a cane excepti sunt, ut Ascyltos in piscinam ceciderit atque Encolpius, opem ei natanti ferens, ipse quoque in aquam tractus sit. servavit tamen eos atriensis, quem rogaverunt ut se extra ianuam emitteret. ille respondit non licere illa ianua exire; convivis enim alia ianua intrandum esse, alia exeundum. quibus auditis, cum madidi essent et frigore confecti, rogaverunt eum ut ad balneum se duceret. quo cum venissent, et Trimalchionem invenerunt qui ne tum quidem se iactare desinebat, et reliquos convivas viderunt, qui circum balneum currendo se exercebant.

Chapter 11

1   **What qualities, according to Trimalchio, brought him success?**
2   **When Trimalchio was a boy, what uses did he find for the lamp stand?**
3   **What was his first business.venture and how did it turn out?**
4   **What did the astrologer tell him? Comment on his attitude to the astrologer.**
5   **Draw a ground-plan of Trimalchio's house based on the information given in this chapter and elsewhere in the book (use to help you the plan on page 49).**
6   **What finally made Encolpius feel absolutely sick?**
7   **What gave Encolpius and Ascyltos the chance to escape?**
8   **Write a summary of Trimalchio's career based on the information given in this chapter and chapter 1.**
9   **What is Petronius satirizing in the *Cena Trimalchionis*?**
10   **'Trimalchio more and more assumes the status of a great comic character rather than a mercilessly flayed object of satire.' Do you agree?**

a Relative with the subjunctive — final

1   Trimalchio servum misit qui testamenti exemplar afferret.
2   Si ad villam meam veneris, inveniemus quod edamus.
3   Agamemnon librum Encolpio dedit quem legeret.
4   Nulla fax nobis erat quae iter aperiret.
5   Viatores nocte facem ferunt quo facilius viam videant.
6   Vigiles ianuam effregerunt quo celerius aedes intrarent.
7   Trimalchio Habinnam impedivit quominus (= ne) surgeret.
8   Mathematicus Trimalchionem prohibuit quominus negotiari desineret.

b Quin

1   Nemo nos impedivit quin in tumultu effugeremus.
2   Quamquam anus dormiebat, non prohibiti sumus quin aedes intraremus.
3   Haud dubium est quin Trimalchio ebrius sit.
4   Non dubito quin cras aeger futurus sit.
5   Non nego quin apud Trimalchionem nimis biberim.

c Relative with the subjunctive — consecutive or generic

1   Non is sum qui his rebus delecter.
2   Nihil est quod me tantum delectet.
3   Is erat Trimalchio qui semper se iactaret.
4   Nemo est quin (= qui non) audierit quid apud Trimalchionem factum sit.
5   Sunt qui, cum nimis biberint, rixentur.
6   Non dignus erat Trimalchio qui tantas divitias haberet.
7   Ei qui apud Trimalchionem cenarent non Agamemnonis generis erant.
8   Habinnas magis ebrius erat quam qui rectus staret.
9   Niceros prudentior erat quam qui cum versipelle ambularet.
10 Sunt qui huic fabulae non credant.

d Some common uses of the genitive case

1   Tam malae memoriae sum ut nominis mei saepe obliviscar.
2   Trimalchio, vir summae liberalitatis, convivis vinum praestitit annorum centum.
3   Vestimenta, quae mihi subducta sunt, vix decem sestertiorum fuerunt.
4   Minoris quam muscae (*flies*) sumus; muscae tamen aliquid virtutis habent, nos non pluris quam bullae (*bubbles*) sumus.
5   Nec dei nec homines huius coloniae miserentur; nemo enim nostrum Iovem pili facit.
6   Aedilis plus nummorum in die accipit quam reliqui nostrum habent totum patrimonium.
7   Croesus tantum panis catellae dabat ut illa recusaret.
8   Stulti est nimis vini bibere.
9   Talia iactare non est viri culti.
10 Trimalchio erat cupidus laudis et negotii peritus.

e Some common uses of the ablative case

1   Trimalchio toro surrexit et triclinio discessit.
2   Puer Echione natus Agamemnoni bonus erit discipulus.
3   Habinnas multo hilarior erat Trimalchione.
4   Quinque dies Chryanthus cibo abstinuit sed non hoc refectus est.
5   Lupo viso, ego paene timore mortuus sum.
6   Melissa bono ingenio fuit.
7   Trimalchio, vir summa liberalitate, convivis praestitit vinum optimum.
8   Dispensator haec vestimenta decem sestertiis emit; dixit tamen magno se ea emisse.
9   Septima hora noctis aedibus Trimalchionis discessimus atque admiratione pleni domum summa celeritate rediimus.
10 Trimalchio multo ditior est reliquis civibus sed non eo dignus est laude.

f   Some common uses of the dative case

1   Trimalchio convivis dixit se vinum Falernum eis praestare.

2   Trimalchioni erant plurimi servi ingensque canis, qui aedibus praesidio erat.

3   Nondum mihi suave (*agreeable*) erat in triclinium venire, sed ne diutius vobis morae essem, omnem voluptatem mihi negavi.

4   Servus nobis despoliatus procubuit ad pedes ac rogare coepit ut se poenae eriperemus: nec magnum esse peccatum suum; subducta enim sibi vestimenta dispensatoris.

5   Valde stultum est vivo quidem domos pulchras esse, non curari eas ubi diutius nobis habitandum est.

6   Convivis in aliud triclinium eundum fuit; illic altera cena eis edenda erat.

7   Plane si mihi esset filia, aures illi praeciderem.

8   Sudor (*sweat*) mihi per crura fluebat, et timor adeo mihi animum abstulit ut gladius vix mihi usui esset.

C.Pompeius Trimalchio in Asia natus Romam puer ductus est, ubi Pompeio cuidam venditus aliquot annos serviebat. cum ingeniosum se praeberet et diligentem, Pompeius imperavit ut ratiocinari (*to keep accounts*) disceret. mox dispensator factus adeo dominum sibi conciliavit ut ille testamento suo et manu miserit et ingens patrimonium legaverit. Trimalchio autem continuo negotiari coepit. cum naves quas aedificaverat naufragassent, nil desperavit sed alteras fecit maiores et, ut ipse dixit, feliciores, quibus uno cursu centies sestertium corrotundavit. quo ex tempore quidquid tangebat crescebat tamquam favus. cum plus haberet quam tota Asia, negotiari desiisset, nisi mathematicus quidam eum exhortatus esset ne cessaret. ad negotiationem igitur reversus fortunam adeo auxit ut universos divitiis superaret et plura praedia possideret quam quae numerare posset. idem sevir Augustalis factus diligenter se gerebat et liberaliter, qui toti populo coloniae suae epulum dedit. nemo quidem negare potest quin plurimae ei fuerint virtutes sed vitia quoque plurima habebat. in primis semper se iactabat et cum ipse sibi maxime placeret aliis maxime molestus erat. universi tamen in aliqua re erramus; homines sumus, non dei. equidem, si ad cenam a Trimalchione invitatus essem, certe non recusavissem.

Vocabularies

Compounds of the same verb are often grouped together, usually after the simple verb; where the principal parts of a compound are identical with those of the preceding verb, they are not repeated.

All long vowels are marked with a macron, e.g. *nāscor*, except final *o* and *i*, which are long unless marked short, e.g. *nisĭ*, *modŏ*. Apart from final *o* and *i*, vowels bearing no mark are short. For the difference between length (a property of vowels) and quantity (a property of syllables), see W.S. Allen, *Vox Latina*, (Cambridge, 1965), ch.6. If a syllable contains a long vowel, it is automatically heavy, e.g. *nā-vēs*; but when a syllable contains a short vowel, its quantity is determined by the nature of the syllable ending; e.g. the first syllable of *că-nis* is light, but the first of *căm-pus* is heavy, although the vowel is short.

Chapter 1

a   **absum, abesse, āfui**   I am away, I am distant
       accēdo, -ere, -cessi, -cessum   I approach
       accurro, -ere, -curri, -cursum   I run to
       aedēs, aedium, *f.pl.*   a house
       ago, agere, ēgi, āctum   I drive; I do, perform; I spend (of time)
       altus -a -um   high, deep
       apud, *prep.* with *acc.*   at the house of
       aqua, -ae, *f.*   water
       aspicio, -spicere, -spexi, -spectum   I look at, see
          cōnspicio *etc.*   I catch sight of
          īnspicio *etc.*   I look at, examine
       ātrium, -i, *n.*   hall
       aurum, -i, *n.*   gold
          aureus -a -um   golden
       aut ... aut   either . . . or

b   **balneum, -i,** *n.*   a bath; **balnea:** the baths

c   **cado, -ere, cecidi, cāsum**   I fall
       canis, canis, *c.*   a dog
       canto(1)   I sing, I play (an instrument)
       caput, capitis, *n.*   head
       capio, capere, cēpi, captum   I take
          accipio, -ere, -cēpi, -ceptum   I receive
          excipio *etc.*   I receive, I catch
          recipio *etc.*   I take back, recover
       caveo, -ēre, cāvi, cautum   I beware, am cautious of
       celer, celeris, celere   quick
       cēna, -ae, *f.*   dinner
       cēno(1)   I dine
       coepi, coepisse   I began
       comes, comitis, *c.*   a companion
       cōnor (1)   I try
       crūs, crūris, *n.*   leg

d   **dēbeo(2)**   I owe, I ought
       deînde, *adv.*   then, next
       dēlībero(1)   I reflect, think about
       dēnique, *adv.*   last, finally
       digitus, -i, *m.*   finger
       diligēns, diligentis   careful

disco, -ere, didici I learn
divitiae, divitiārum, *f.pl.* riches
do, dare, dedi, datum I give
dum while

e   eo, *adv.* thither, there
eo, īre, īvi/ii, itum I go
    abeo, īre, -ii, -itum I go away
    exeo, *etc.* I go out
    redeo, *etc.* I go back, return
erro(1) I wander, I make a mistake
exerceo(2) I exercise

f   facio, facere, fēci, factum I make, I do
fero, ferre, tuli, lātum I carry, bear
    affero, afferre, attuli, allātum I carry to, carry in
    refero, referre, rettuli, relātum I carry back, I report
fīgo, -ere, fīxi, fīxum I fix, fasten
    affīgo *etc.* I fix to
fīnio(4) I finish
fortis, forte brave, strong
frango, -ere, frēgi, frāctum I break
fundo, -ere, fūdi, fūsum I pour
    effundo *etc.* I pour out
    īnfundo *etc.* I pour into
habeo(2) I have, I consider
hodiē today

i   iaceo(2) I lie
iam now, already
iānua, -ae, *f.* a door
induo, -ere, indui, indūtum I put on (clothes)
ingēns, ingentis huge
inquit he says, he said
intro(1) I enter
invīto(1) I invite
iter, itineris, *n.* journey, way
iterum again
iubeo, -ēre, iussi, iussum I order
    iussus, iussūs, *m.* an order

l   laudo(1) I praise
lavo, -āre, lāvi, lautum/lōtum I wash
lego, -ere, lēgi, lēctum I gather, I choose, I read
    colligo, -ere, -lēgi, -lēctum I gather
    perlego *etc.* I read through
libenter gladly
līmen, līminis, *n.* threshold, entrance
littera, -ae, *f.* a letter; **litterae** literature
loquor, loqui, locūtus I speak
    colloquor *etc.* I speak with, converse
lūdo, -ere, lūsi, lūsum I play
    lūsus, -ūs, *m.* a game

m   maestus -a -um sad
malus -a -um bad   **mala,** *n.pl.* troubles
mīror(1) I wonder at, admire
    admīror(1) I wonder at, admire
    admirātio, -ōnis, *f.* wonder, admiration
mitto, -ere, mīsi, missum I send
moror(1) I delay
multus -a -um much, many

n   nōlo, nōlle, nōlui I do not wish, I refuse
nūllus -a -um no

o   obliviscor, -i, oblitus (with *gen.*) I forget
      officium, -i, *n.* duty

p   **paene** nearly, almost
      paro(1) I prepare
          paratus -a -um   ready
      pauci -ae -a   few
      peto, -ere, petivi/petii, petitum I seek, I ask
          repeto *etc.* I recover, retrieve
      pingo, -ere, pinxi, pictum I paint
          pictor, -oris, *m.* a painter
          pictura, -ae, *f.* a painting
      plenus -a -um (with *abl.* or *gen.*) full (of)
      pono, -ere, posui, positum I place, I put
          impono *etc.* I put into
      posco, -ere, poposci I demand
      possum, posse, potui I can, I am able
      primus -a -um first; **primum** *adv.* at first, first
      principium, -i, *n.* beginning
      procul, *adv.* far

q   **quidem** indeed

r   **rapio, rapere, rapui, raptum** I snatch, carry off
      eripio, -ripere, -ripui, -reptum I snatch away, I rescue
      rideo, -ere, risi, risum   I laugh, I smile
          arrideo *etc.* I smile at

s   **saluto(1)** I greet
      scio(4) I know
      scribo, -ere, scripsi, scriptum   I write
          inscribo *etc.* I write on, I inscribe
          inscriptio, -ionis, *f.* an inscription
      sedeo, sedere, sedi, sessum I sit
      senex, senis, *m.* an old man
      sequor, sequi, secutus I follow
          insequor *etc.* I follow
          subsequor *etc.* I follow closely
      servus, -i, *m.* a slave
      sine, *prep.* with *abl.* without
      sinister, sinistra, sinistrum left
      spectaculum, -i, *n.* a sight, a show
      subito, *adv.* suddenly
      super, *prep.* with *acc.* or *abl.* above

t   **tango, -ere, tetigi, tactum** I touch
      teneo, -ere, tenui, tentum I hold
      timeo(2) I fear, I am frightened of
      tollo, -ere, sustuli, sublatum I raise, I remove, I destroy
      totus -a -um whole
      triclinium, -i, *n.* dining-room

v   **venio, venire, veni, ventum** I come
          advenio *etc.* I come to, I arrive
          pervenio *etc.* I arrive
      vestio(4) I clothe
          vestimentum, -i, *n.* clothing, clothes
          vestis, vestis, *f.* clothes
      video, -ere, vidi, visum I see
      vincio, -ire, vinxi, vinctum I tie, bind
      vix scarcely
      volo, velle, volui I wish, I am willing

Some interrogative, demonstratives, and relatives:

quis? qui? who? what?	**is:** that (man)	**qui** who
quid? what? (why?)	**id:** that (thing)	**quod** which
quantus? how big?	**tantus** so big	**quantus** as (big)
quot? how many?	**tot** so many	**quot** as (many)
quālis? of what kind?	**tālis** (of) such (kind)	**quālis** as
ubĭ? where?	**ibĭ** there	**ubĭ** where
unde? where from?	**inde** from there	**unde** from where
quo? where to?	**eo** to there	**quo** to where
quam? how?	**tam** so	**quam** as
quando? when?	**tum** then	**cum** when
uter? which of two?	**alter** one of two	
	neuter neither of two	

cūr, quārē, quamobrem? why?
quōmodŏ? how?
utrum ... an/annōn? whether ... or/or not?

Chapter 2

a **albus -a -um** white
aliquis, aliquid someone, something
alius -a -ud other; **alii ... alii** some ... others
argentum, -i, *n.* silver

b **beneficium, -i,** *n.* kindness
bibo, -ere, bibi I drink

c **cantus, -ūs,** *m.* a song
ceteri-ae-a the rest
clāmo(1) I shout
    conclāmo(1) I shout (together)
    exclāmo(1) I shout out
    prōclāmo(1) I shout out
cōnsilium, -i, *n.* plan, intention
contrā, *prep.* with *acc.* against, contrary to
convĭva, -ae, *c.* a guest
(cumbo, -ere, cubui, cubitum I lie down)
    accumbo *etc.,* **discumbo** *etc.,* I recline, i.e. take my place at the dining table
    prōcumbo *etc.* I fall down
cūro(1) I care for, look after; **+ ut =** I see that
cursus, -ūs, *m.* course, track, voyage

d **dexter, dextera/dextra, dexterum/dextrum** right
dĭco, -ere, dĭxi, dictum I say, I tell
dōno(1) I give
dubius -a -um doubtful   **sine dubio** without doubt

e **ergo** and so
experior, experīri, expertus I try, test
extemplo, *adv.* at once

g **grātia, -ae,** *f.* gratitude;   **grātiās ago** I thank

h **hūmānitas, -ātis,** *f.* kindness, humanity

i **igitur** therefore, and so
ignōsco, -ere, ignōvi, ignōtum (+ *dat.*) I pardon
imāgo, imāginis, *f.* a picture, representation
impero (1+*dat.*) I order
    imperium, -i, *n.* an order
invenio, ĭre, vēni, ventum I find
ita so, in such a way
itaque and so

l **laetus -a -um** happy
 locus, -i, *m.* a place
 lūna, -ae, *f.* the moon

m **manus, -ūs,** *f.* hand
 mēnsa, -ae, *f.* a table
 molestus -a -um annoying
 moveo, -ēre, mōvi, mōtum I move
  commoveo *etc.* I move

n **neglego, -ere, neglēxi, neglēctum** I neglect
  neglegentia, -ae, *f.* neglect, carelessness
 niger, nigra, nigrum black
 nōmen, nōminis, *n.* a name
 numero(1) I count

o **occurro, -ere, occurri, occursum** (+ *dat.*) I run to meet

p **pār, paris** equal; **pariter** equally, together
 pars, partis, *f.* part, direction
 paulisper, *adv.* for a little
 perdo, -ere, perdidi, perditum I lose, I waste, I destroy
 persuādeo, -ēre, persuāsi, persuāsum (+ *dat.*) I persuade
 periculum, -i, *n.* danger
 pēs, pedis, *m.* foot
 poena, -ae, *f.* punishment
 pōtio, pōtiōnis, *f.* a drink
 praeceptum, -i, *n.* instruction
 praeter, *prep.* with *acc.* except
 precor(1) I pray
  precēs, precum, *f.* prayers
 pro, *prep.* with *abl.* for, on behalf of, instead of
 prōcēdo, -ere, -cessi, -cessum I go forward, advance
 propter, *prep.* with *acc.* on account of
 puer, pueri, *m.* boy, slave
 pūnio(4) I punish

q **quīdam, quaedam, quoddam** a certain
 quis, quis, quid anyone (used after ne, si, nisi, num)

r **ratio, ratiōnis,** *f.* reason, idea, method; **ratiōnēs** accounts
 remitto, -ere, mīsi, -missum I send back; I let off, remit
 rogo(1) I ask, I ask for

s **semel,** *adv.* once
 servo(1) I keep, I save
 sino, -ere, sīvi, situm I allow
 sub, *prep.* with *abl.* or *acc.* under
 superbus -a -um proud

t **tabula, -ae,** *f.* tablet, picture
 taceo(2) I am silent
 tandem, *adv.* at last
 tego, -ere, tēxi, tēctum I cover
 trānseo, -īre, -ii, itum I cross
 trepido(1) I am nervous, I panic

u **uterque, utraque, utrumque** each (of two)

v **vereor(2)** I fear, I am afraid
 veto, -āre, vetui, vetitum I forbid
 vultus, -ūs, *m.* face, expression

Chapter 3

a   **aliquot,** *indecl.adj.* some, several
      amicus, -i, *m.* a friend
      animadverto, -ere, animadverti, animadversum I notice
      annus, -i, *m.* year
      appello(1) I call
      avis, avis, *f.* a bird

c   **circā/circum,** *adv.* and *prep.* with *acc.* round, about
      clārus -a -um clear, bright, loud
      cūnctus -a -um all
      curro, -ere, cucurri, cursum I run
          discurro, -ere, -curri, -cursum I run around
          incurro *etc.* I run into

d   **dēns, dentis,** *m.* a tooth
      diū for a long time (diūtius, diūtissimē)
      dux, ducis, *m.* a leader

e   **edo, esse, ēdi, ēsum** I eat
          comedo *etc.* I eat
      exprimo, -ere, -pressi, -pressum I express
      excido, -ere, -cidi I fall off
      extrā, *prep.* with *acc.* and *adv.* outside

f   **figūra, -ae,** *f.* shape, figure
      flecto, -ere, flexi, flexum I bend
      forte, *adv.* by chance

h   **heri,** *adv.* yesterday
      homo, hominis, *m.* a human being, a man
      hūc, *adv.* hither, to this place; **hūc atque illūc** hither and thither

i   **iacio, iacere, iēci, iactum** I throw
          conicio, -icere, -iēci, -iectum I throw
          obicio *etc.* I throw (in the way of)
          prōicio *etc.* I throw forward, throw down
      inter, *prep.* with *acc.* between, among, in the middle of
      interim, *adv.* meanwhile

l   **latus, lateris** *n.* side
      lectus, -i, *m.* a couch
      līber, lībera, līberum free

m   **mereo(2)** I deserve
          merita, -ōrum, *n.* deserts
      miser, misera, miserum unhappy, miserable
      mulier, mulieris, *f.* a woman

n   **nēmo, (nullius)** no-one
      nego(1) I deny, I refuse
      nōndum not yet
      nunc now

o   **omnis, omne** all; **omnīno,** *adv.* altogether

p   **pānis, pānis,** *m.* bread
      percutio, -cutere, -cussi, -cussum I hit, strike
      permitto, -ere, -misi, -missum I permit
      porto(1) I carry
      pōto(1) I drink
      praemium, -i, *n.* a reward
      propōno, -ere, -posui, -positum I place before; I display
      praesto, -āre, -stiti, -stātum I offer, I provide

q   **quārē**   and so; for this reason

r   **reliquus -a -um**   remaining
     rursus, *adv.*   again
     respondeo, -ēre, respondi, respōnsum   I answer, reply

s   **sapiēns, sapientis**   wise
       sapientia, -ae, *f.*   wisdom
     scindo, -ere, scidi, scissum   I cut, carve
     signum, -i, *n.*   sign, signal
     statim, *adv.*   at once
     stringo, -ere, strīnxi, strictum   I draw (a sword etc.)
     sūmo, -ere, sūmpsi, sūmptum   I take
     suprā, *adv.* and *prep.* with *acc.*   above

t   **tumultus, -ūs,** *m.*   confusion, turmoil

u   **uxor, uxōris,** *f.*   wife

v   **valdē**   extremely
     vehemēns, vehementis   violent, strong
     vēnātor, -ōris, *m.*   huntsman
     verto, -ere, verti, versum   I turn (*trans.*);   **vertor**   I turn (*intr.*)
       converto *etc.*   I turn (*trans.*);   **convertor** (*intrans.*)
     vērus -a -um   true
     vīnum, -i, *n.*   wine
     vīvo, -ere, vīxi, vīctum   I live
     volo(1)   I fly
       ēvolo(1)   I fly out
       volito(1)   I fly
     voluptās, -ātis, *f.*   pleasure
     vōx, vōcis, *f.*   voice

Chapter 4

a   **ācer, ācris, ācre**   sharp, keen
     aequus -a -um   equal
     ager, agri, *m.*   a field; a farm
     ambulo(1)   I walk
     animus, -i, *m.*   mind
     anteā, *adv.*   before, formerly

b   **bonus -a -um**   good;   **bona,** *n.pl.*   goods

c   **caelum, -i,** *n.*   sky; heaven
     cārus -a -um   dear; expensive
     certē, *adv.*   certainly; at least
     cibus, -i, *m.*   food
     computo(1)   I count
     cōnsōlatio, -iōnis, *f.*   consolation, comfort
     contentus -a -um   content
     cottīdiē   every day
     crās   tomorrow
     crēdo, -ere, crēdidi, crēditum (+ *dat.*)   I believe, trust
     crēsco, -ere, crēvi, crētum   I increase, grow
     cubiculum, -i, *n.*   bedroom
     cupio, cupere, cupīvi, cupītum   I desire

d   **deus, dei,** *m.*   a god
     dērīdeo, -ēre, -rīsi, -rīsum   I laugh at, sneer at
     diēs, diēi, *m./f.*   day
     discēdo, -ere, -cessi, -cessum   I go away, depart
     discipulus, -i, *m.*   a pupil

doceo, -ēre, docui, doctum   I teach
    doctus -a -um   learned
domus, -ūs, *f.*   home;   **domi**   at home

e   emo, -ere, ēmi, ēmptum   I buy

f   fātum, -i, *n.*   fate
    ferrum, -i, *n.*   iron; sword
    filius, fili, *m.*   a son
    fio, fieri, factus   I am made; I become
    frigus, frigoris, *n.*   cold
    frūmentum, -i, *n.*   corn
    fuga, -ae, *f.*   flight
    fūnus, fūneris, *n.*   death; funeral

g   gaudeo, -ēre, gāvīsus   I rejoice
    gaudium, -i, *n.*   joy
    genus, generis   *n.*   sort, kind

h   honestus -a -um   honourable

i   ideo, *adv.*   for this reason
    ingenium, -i, *n.*   talents; character
    ingeniōsus -a -um   clever
    ingredior, -gredi, -gressus   I go into
    regredior *etc.*   I go back, return
    iūs, iūris, *n.*   right; law
    iuvo, -āre, iūvi, iūtum   I help; I please
    adiuvo(1) *etc.*   I help

l   liber, libri, *m.*   a book
    libertās, -ātis, *f.*   freedom

m   mālo, mālle, mālui   I prefer
    māter, mātris, *f.*   mother
    mātrōna, -ae, *f.*   a married woman
    medicus, -i, *m.*   a doctor
    medius -a -um   middle;   **in medio**   in the middle
    mehercule   by Hercules
    memini, meminisse (+ *gen.*)   I remember
    mēns, mentis, *f.*   mind
    misereor (2 + *gen.*)   I pity
    modŏ, *adv.*   only; lately
    morior, mori, mortuus   I die
    mors, mortis, *f.*   death
    mūnus, mūneris, *n.*   gift; show

n   nancīscor, -i, nactus   I obtain
    nārro(1)   I relate, I talk
    nihil/nīl   nothing
    nox, noctis, *f.*   night
    nūdus -a -um   bare
    numquam   never

o   obeo, -ire, obii, obitum   I go to meet;   **diem obīre**   to die
    occido, -ere, -cidi, -cisum   I kill
    oculus, -i, *m.*   eye
    operio, -ire, operui, opertum   I cover, hide
    ōro(1)   I pray, beseech
    ōs, ōris, *n.*   mouth, face

p   pauper, pauperis   poor
    plāco(1)   I placate, appease
    plānē   completely; clearly
    plūs   more
    populus, -i, *m.*   the people
    pugno(1)   I fight

pūrus -a -um   clean, pure
puto(1) I think

q quam, *adv.* how; than
   queror, queri, questus I complain
   quia because
   quisquis, quidquid whoever, whatever

r rēctus -a -um, straight;   rēctā (viā) directly, straight
   relinquo, -ere, -līqui, -lictum I leave

s satis enough
   sentio, -īre, sēnsi, sēnsum I feel; I perceive
   sermo, sermōnis, *m.* conversation
   soleo, -ēre, solitus I am accustomed
   surgo, -ere, surrēxi, surrēctum I get up, rise

t tamquam as if; like
   templum, -i, *n.* a temple

v vendo, -ere, vendidi, venditum I sell
   verbum, -i, *n.* word
   verso(1) I turn
   vīlla, -ae, *f.* a country house, farm
   virtūs, virtūtis, *f.* virtue, courage, excellence
   vīta, -ae, *f.* life
   vīvus -a -um living, alive

Chapter 5

a adhūc, *adv.* still;   nōn adhūc not yet
   admoneo(2) I warn, remind
   aeger, aegra, aegrum sick, ill
   arripio, -ripere, -ripui, -reptum I snatch up
   auris, auris, *f.* ear

c caedo, -ere, cecīdi, caesum I beat; I cut; I kill
   celeritās, -ātis, *f.* speed
   cēlo(1) hide
   citō, *adv.* quickly
   cocus, -i, *m.* a cook
       coquo, -ere I cook
   colo, -ere, colui, cultum I till; I worship; I adorn
   cōnsisto, -ere, -stiti I halt, stand still
   contemno, -ere, -tempsi, -temptum I despise
   contineo, -ēre, -tinui, -tentum I hold in
   crūdēlis, -e cruel

d dīves, dīvitis rich
   dominus, -i, *m.* a master
   dūco, -ere, dūxi, ductum I lead
       addūco *etc.* I lead to, lead in

e expōno, -ere, -posui, -positum I put out; I explain
   exspecto(1) I wait for

f fābula, -ae, *f.* a story; gossip
   fīnes, fīnium, *m.pl.* territory, property
   frōns, frontis, *f.* forehead; front

h hinc et illinc on this side and that

i indulgentia, -ae, *f.* kindness, indulgence
   inimīcus, -i, *m.* an enemy

intueor(2)   I gaze at, look closely at
iungo, -ere, iūnxi, iūnctum   I join
   coniungo *etc.*   I join, unite
iūro(1)   I swear

l   **līberālitās, -ātis,** *f.*   generosity

m   **memoria, -ae,** *f.*   memory
    mītis, -e   kind, gentle
    modus, -i, *m.*   way; sort;   **eius modi**   of this kind
    mora, -ae, *f.*   delay
    mōs, mōris, *m.*   custom;   **mōrēs**   character
    mox   soon
    mūto(1)   I change

n   **nāscor, nāsci, nātus**   I am born
    nāvigo(1)   I sail
    nē ... quidem   not even
    neco(1)   I kill
    nēquam (*indecl. adj.*)   worthless;   **nēquissimus**
    nesciŏ(4)   I do not know
    neuter, neutra, neutrum   neither
    nōsco, -ere, nōvi, nōtum   I get to know, learn;   **nōvi**   I know
     cognōsco, -ere, -nōvi, -nitum   I get to know, learn

o   **occupo(1)**   I seize, occupy

p   **palam,** *adv.* and *prep.* with *abl.*   openly; in the sight of
    pereo, -īre, ii, -itum   I perish
    placeo (2 + *dat.*)   I please
    post, *prep.* with *acc.*   after
     posteā, *adv.*   afterwards
     postquam, *conj.*   after
    potentia, -ae, *f.*   power
    praedium, -i, *n.*   estate
    prōmitto, -ere, -mīsi, -missum   I promise
    prope, *adv.* and *prep.* with *acc.*   near (propior, proximus)
    prōsum, prōdesse, prōfui (+ *dat.*)   I help, benefit
    pudet(2)   it shames;   **mē pudet**   I am ashamed

q   **quaero, -ere, quaesīvi/quaesii, quaestīum**   I ask
    quisquam, quidquam   anyone, anything (after a negative)

r   **recreo(1)**   I restore, make better
    relaxo(1)   I relax
    respicio, -spicere, -spexi, -spectum   I look (back) at
    rīsus, rīsūs, *m.*   a smile

s   **seco, -āre, secui, sectum**   I cut
    sevēritās, -tātis, *f.*   severity
    sīcut   just as, as
    sono, -āre, sonui, sonitum   I sound, make a noise
    spatium, -i, *n.*   a space, interval
    spēro(1)   I hope
    studium, -i, *n.*   study, enthusiasm

t   **testāmentum, -i,** *n.*   a will
    timidus -a -um   fearful
    trīstis -e   sad
    tunica, -ae, *f.*   a tunic

u   **urbānus -a -um**   witty
    ūsus, ūsūs, *m.*   use

v   **vir, viri,** *m.*   a man

Chapter 6

accidit, -ere, accidit it happens
admitto, -ere, -mīsi, -missum I let in, admit
amphora, -ae, *f.* a wine jar
ārdeo, -ēre, ārsi, ārsum I burn, am on fire
ascendo, -ere, ascendi, ascēnsum I climb

b **bracchium, -i,** *n.* an arm

c **circumeo, -īre, -ii, -itum** I go round
cīvis, cīvis, *c.* a citizen
cōnsidero(1) I examine
corōna, -ae, *f.* a garland, crown

d **decet, -ēre, decuit** it suits
dēlābor, -i, -lāpsus I slip down
dēlecto(1) I delight
dubito(1) I doubt; I hesitate

e **ēbrius -a -um** drunk
  ēbrietās, -tātis, *f.* drunkenness
exitus, -ūs, *m.* way out; end

f **faber, fabri,** *m.* a craftsman
fēlīx, fēlīcis lucky
    īnfēlīx, īnfēlīcis unlucky
forsitan, *adv.* perhaps

g **gravis, grave** heavy; serious
    gravitās, -tātis, *f.* weight; dignity

h **hilaris -e** cheerful
    hilaritās, -tātis, *f.* cheerfulness
honōro (1) I honour

i **iamdūdum,** *adv.* some time ago
ignārus -a -um ignorant
incendo, -ere, incendi, incēnsum I set on fire, burn

l **laedo, -ere, laesi, laesum** I hurt
longus -a -um long; **longē** far

m **mīrus -a -um** wonderful

n **necesse,** *indecl.* necessity; **necesse est.** it is necessary
novus -a -um new
num whether

p **plōro(1)** I lament
pōculum, -i, *n.* a cup
porrigo, -ere, porrēxi, porrēctum I stretch out
possideo, -ēre, possēdi, possessum I possess, own
praebeo(2) I offer; I show
prōdeo, -īre, prōdii, prōditum I go forward
prōfero, -ferre, -tuli, -lātum I bring forward, bring

r **rēs, rei,** *f.* thing, affair; **rēs humānae** human life   **rē vērā** in fact
rogus, -i, *m.* a pile; a pyre

s **salto(1)** I dance
sīc thus
sōlus -a -um alone   **sōlum** only
specto(1) I look at, watch
statua, -ae, *f.* a statue
summus -a -um highest, greatest
suspīcio, -iōnis, *f.* suspicion
sustineo, -ēre, -tenui, -tentum I hold up

t **terra, -ae,** *f.* ground; earth

v   vīlis -e cheap
        vulnero(1) I wound

Chapter 7

a   amīca, -ae, *f.* a girl friend
        amplector, -i, amplexus I embrace
        amplus -a -um large, ample;   amplius more
        angustus -a -um narrow
        anima, -ae, *f.* soul, spirit
        attoneo(2) I astound
        audāx, audācis bold, rash
        audio(4) I hear
        aufugio, -fugere, -fūgi, -fugitum I flee away; I escape

b   bōs, bovis, *m.* an ox

c   caedo, -ere, cecīdi, caesum I beat, I cut, I kill
        certus -a -um sure, reliable
        cēterum, *adv.* but
        claudo, -ere, clausi, clausum I shut
        collum, -i, *n.* neck
        color, colōris, *m.* colour
        cōnservus, -i, *m.* a fellow slave
        contendo, -ere, -tendi, -tentum I struggle
        cor, cordis, *n.* heart
        corpus, corporis, *n.* body

d   dēcēdo, -ere, -cessi, -cessum I go away; I die
        doleo(2) I grieve
        dōnec until

e   etsi even if; although
        ēverto, -ere, -verti, -versum I overturn; I turn upside down
            revertor, -i, reversus I return
        expedio(4) I put in order, arrange
        exuo, -ere, exui, exūtum I take off, undress

f   fluo, fluere, flūxi I flow

g   gladius, -i, *m.* a sword

h   habito(1) I live
        horrībilis, -e horrible, terrifying
        hospes, hospitis, *c.* a guest

i   intellego, -ere, intellēxi, intellēctum I understand
        interficio, -ficere, -fēci, -fectum I kill
        iocor(1) I joke
        īrāscor, -i, īrātus I become angry
            īrātus -a -um angry
        iuvenis, -is, *m.* a young man

l   lancea, -ae, *f.* a spear
        lūceo, -ēre, lūxi I am light
        lupus, -i, *m.* a wolf
        lūx, lūcis, *f.* light

m   magis, *adv.* more
        mendāx, mendācis untruthful
        mentior(4) I tell a lie
        merīdiēs, -ēi, *m.* midday
        mīles, mīlitis, *m.* a soldier
        monumentum, -i, *n.* a tomb, monument

n   negōtium, -i, *n.* business
        nisi unless; except
        nocturnus -a -um of the night, nocturnal

o   **occāsio, occāsiōnis,** *f.* an opportunity
          oppugno(1) I attack
          ōstium, -i, *n.* door

p   **pecus, pecoris,** *n.* flock, herd
          persequor, -i, -secūtus I follow, pursue
          proficiscor, -i, profectus I set out
          propero(1) I hasten
          pulcher, pulchra, pulchrum beautiful

q   **quasi** as if

r   **reficio, -ficere, -fēci, -fectum** I restore, repair
          respicio, -spicere, -spexi, -spectum I look (back) at

s   **saltem,** *adv.* at least
          salvus -a -um safe
          sanguis, sanguinis, *m.* blood
          scīlicet, *adv.* of course; you see
          sēro, *adv.* late, too late
          servio(4) I am a slave; I serve
          sto, stāre, steti, statum I stand
          suāvis -e charming, pleasant
          suprēmus -a -um last

t   **terreo(2)** I terrify
             perterreo(2) I terrify
          timor, timōris, *m.* fear
          trāicio, -icere, traiēci, traiectum I pierce

u   **umbra, -ae,** *f.* a shadow
          umquam, *adv.* ever
          ūniversus -a -um whole   **ūniversi** everyone

v   **validus -a -um** strong
          via, -ae, *f.* a road, way
          vēro, *adv.* but; indeed

Chapter 8

a   **adeo,** *adv.* so, to such an extent
          appāreo(2) I appear
          augeo, -ēre, auxi, auctum I increase

c   **calidus -a -um** warm
          candidus -a -um white
          catēna, -ae, *f.* chain
          compōno, --ere, -posui, -positum I put together, put away
          continuo, *adv.* immediately
          cubo, -āre, cubui, cubitum I lie down

d   **dīvido, -ere, dīvīsi, dīvīsum** I divide, share out
          dēfero, -ferre, -tuli, -lātum I bring down, put down
          dolor, dolōris, *m.* pain

e   **equidem** I for my part

f   **fōrma, -ae,** *f.* shape

g   **gusto(1)** I taste

h   **hīc,** *adv.* here

i   **iacto(1)** I throw
          impedio(4) I hinder, prevent
          impleo, -ēre, implēvi, implētum I fill
          improbus -a -um bad, naughty
          imprūdēns, imprūdentis foolish, imprudent

indignor(1) I am indignant
ineo, -īre, inii, initum I go into; I begin
īnfrā, *adv.* and *prep.* with *acc.* below

l   **lacero(1)** I tear in pieces
levis -e light
    levitās, -tātis, *f.* lightness; silliness

m   **maiestās, -tātis,** *f.* grandeur, majesty
maneo, -ēre, mānsi, mānsum I remain
mollis -e, soft
morbus, -i, *m.* disease

o   **onero(1)** I load; I weigh down
ōsculum, -i, *n.* a kiss
    ōsculor(1) I kiss

p   **plaudo, -ere, plausi, plausum** I clap
    plausus, -ūs, *m.* applause
postrēmo, *adv.* lastly
praesidium, -i, *n.* guard, protection
prohibeo(2) I prevent

r   **recūso(1)** I refuse
reliquiae, -ārum, *f.pl.* remains
rixa, -ae, *f.* a quarrel
    rixor(1) I quarrel

s   **sordidus -a -um** dirty
stultus -a -um foolish

t   **tempto(1)** I try, test
torum, -i, *n.* a couch, bed
turba, -ae, *f.* a crowd

u   **umerus, -i,** *m.* shoulder

v   **voco(1)** I call

Chapter 9

a   **aedifico(1)** I build
aliquando, *adv.* some time; at last
ars, artis, *f.* art; skill

b   **benignus -a -um** kind

c   **causā** for the sake of
cervīx, cervīcis, *f.* neck
classis, classis, *f.* fleet
commendo(1) I commend
cōnfugio, -fugere, -fūgi, -fugitum I flee to, take refuge
corripio, -ripere, -ripui, -reptum I seize
cupidus -a -um desirous of

d   **dēsino, -ere, dēsii, dēsitum** I cease
dēicio, dēicere, dēiēci, dēiectum I throw down

e   **ērudio(4)** I train, educate

f   **fidēlis** faithful
fīnis, fīnis, *m.* end
frequēns, frequentis frequent, in crowds
fundus, -i, *m.* a farm
fūrtim, *adv.* secretly, furtively

g   **gero, -ere, gessi, gestum** I carry; **sē gerere** to behave oneself
gremium, -i, *n.* lap

h   **hērēs, hērēdis,** *c.*   an heir, heiress

i   **idōneus -a -um**   suitable
        imitor(1)   I imitate
        inde, *adv.*   thence; then
        inmitto, -ere, -mīsi, -missum   I send to; I throw at

l   **lēgo(1)**   I bequeathe

m   **ministro(1)**   I serve (food etc.); I manage
        misceo, -ēre, miscui, mixtum   I mix; I confuse

n   **nāvis, nāvis,** *f.*   ship
        noto(1)   I mark; I notice

o   **offendo, -ere, offendi, offēnsum**   I offend
        opprimo, -ere, -pressi, -pressum   I oppress; I overwhelm
            supprimo etc.   I suppress, stop
        ostendo, -ere, ostendi, ostentum   I point out, show

p   **parvus -a -um**   little
        philosophus, -i, *m.*   a philosopher
        pius -a -um   loyal, pious
        praecīdo, -ere, -cīdi, -cīsum   I cut off
        prōvoco(1)   I challenge
        proximus -a -um   nearest; next
        pūblicus -a -um   public
        pulcher, pulchra, pulchrum   beautiful

q   **quemadmodum**   as, how

r   **recito(1)**   I read aloud, recite
        requiēsco, -ere, requiēvi   I rest

s   **sonus, -i,** *m.*   a sound
        subvenio, -īre, -vēni, -ventum (+ *dat.*)   I come to help

t   **traho, -ere, trāxi, trāctum**   I drag
            dētraho *etc.*   I drag down, drag off
            extraho *etc.*   I drag out

u   **ultimus -a -um**   furthest; last

v   **valeo(2)**   I am strong, well
        valē   goodbye
        vēlum, -i, *n.*   sail
        versus, -ūs, *m.*   a verse
        viātor, -ōris, *m.*   a traveller, passer-by
        vir, viri, *m.*   a man; a husband

common impersonal verbs:
        mē decet(2)   it is fitting for me
        mē iuvat, iuvāre, iūvit   I am delighted, pleased
        mē oportet(2)   I ought
        mē paenitet(2)   I regret, repent
        me pudet(2)   I am ashamed
        mihi accidit (ut)   it happens to me
        mihi contingit, -ere, contigit (+ *inf.*)   it happens to me (usually of good luck)
        mihi licet(2)   I am allowed
        mihi placet(2)   it pleases me; I decide

Chapter 10

a   **acūtus -a -um**   sharp; clever
        adicio, -icere, -iēci, -iectum   I throw to; I add
        aditus, -ūs, *m.*   approach, entrance
        assentor(1)   I agree

c   cōnficio, -ficere, -fēci, -fectum   I finish
       cōnfectus -a -um   worn out
   cōnsido, -ere, sēdi, -sessum   I sit down
   convīcium, -i, *n.*   insult

d   dēscendo, -ere, dēscendi, dēscēnsum   I descend
   dīdūco, -ere, -dūxi, -ductum   I draw apart, open up

e   effugio, -fugere, -fūgi, -fugitum   I escape
   ēmitto, -ere, -mīsi, -missum   I send out

f   fessus -a -um   tired
       dēfessus -a -um   tired out
   fleo, flēre, flēvi, flētum   I weep
   fulmen, fulminis, *n.*   a thunderbolt
   furor, furōris, *m.*   fury, madness

i   inclūdo, -clūdere, -clūsi, clūsum   I shut in

l   lāmentor(1)   I lament
       lāmentātio, -iōnis, *f.*   lamentation
   lātro(1)   I bark

m   maledīco, -ere, -dīxi, -dictum   (+ *dat.*)   I curse, abuse

n   nato(1)   I swim
   novus -a -um   new

o   (ops) opis, *f.*   help;   opēs, opum   wealth
   orior, orīri, ortus   I arise

q   quoque, *adv.*   also

s   spargo, -ere, sparsi, sparsum   I scatter

t   tego, tegere, tēxi, tēctum   I cover
   tergum, -i, *n.*   back
   tremo, -ere, tremui   I tremble
   turbo(1)   I disturb, upset

Chapter 11

a   aperio, -īre, aperui, apertum   I open

b   bellus -a -um   nice, pretty

c   coemo, -ere, coēmi, coēmptum   I buy up
       redimo *etc.*   I buy back
   concito(1)   I stir up
   concupio, -cupere, -cupīvi, -cupītum   I desire
   cruentus -a -um   bloody

d   dēspēro(1)   I despair
   dēficio, -ficere, -fēci, -fectum   I give up, fail
   dignus -a -um   worthy (of) (+ *abl.*)
   dormio(4)   I sleep

e   effringo, -ere, -frēgi, -frēctum   I break down
   ēvinco, -ere, vīci, -victum   I conquer, overcome
   exhortor(1)   I encourage
   exstinguo, -ere, -stīnxi, -stīnctum   I put out
   extendo, -ere, -tendi, -tentum   I stretch out

f   factum, -i, *n.*   a deed; a fact
   fingo, -ere, fīnxi, fictum   I pretend
   fruor, frui, fruitus (+ *abl.*)   I enjoy

h   hērēditās, -tātis, *f.*   inheritance
   hora, -ae, *f.*   an hour

i iactūra, -ae, *f.* loss
   imprecor(1) I pray
   imprūdentia, -ae, *f.* ignorance, imprudence
   incendium, -i, *n.* a fire
   īnsono, -āre, -sonui, -sonitum I sound
   interdiū, *adv.* in the day time
   intersum, -esse, -fui I am among; I am present

l lībertus, -i, *m.* a freedman
   lūmen, lūminis, *n.* light

m mētior(4) I measure

n negōtium, -i, *n.* business
      negōtior(1) I conduct business
      negōtiātio, -iōnis, *f.* business
   nimis too much
   nota, -ae, *f.* a mark

o obscūrus -a -um dark

p parum too little
   pecūnia, -ae, *f.* money
   perītus -a -um skilled in (+ *gen.*)
   praecipuē, *adv.* especially
   praetereā, *adv.* moreover
   prīdiē, *adv.* the day before

q quamquam although

r recuso(1) I refuse
   regio, regiōnis, *f.* district
   reor, rēri, ratus I think
   resto(1) I am left, remain

s silentium, -i, *n.* silence
   strepitus, -ūs, *m.* din
   supero(1) I overcome, surpass

t turpis, -e disgraceful

v vīcīnus -a -um neighbouring
      vīcīnia, -ae, *f.* neighbourhood

A set of composition exercises based on this book may be obtained from The Manager, Harrow School Bookshop, 7 High Street, Harrow-on-the-Hill, Middlesex (price 35p). These exercises run parallel to the practice sentences and exercises in translation; they comprise English sentences and a passage of continuous English for translation into Latin for each chapter, and a summary of the rules of syntax for each stage.